JN063486

新しい時代の

家庭機械・電気・情報
第二版

池本洋一／山下省蔵　共著

ジュピター書房

はしがき

　学校は，子どもたち一人ひとりが，将来の社会生活について見通しを立て，よりよい生活を創造するとともに，その進展に主体的に対応できる資質と実践力を身につけられるよう，日々の教育活動を充実させる責任がある．

　本書は，社会生活で必要となる"家庭機械・電気・情報"に関する知識と技術について，これに関連する教科である"中学校技術・家庭科"と"高等学校家庭科"において，将来指導する立場を担うであろう方々を主な読者として想定し，解説に努めたものである．

　技術・家庭科では，ものづくりなどの実践的・体験的な学習活動を通して，生活にかかわりのあるさまざまな技術について，基本的な知識と技術を習得させるとともに，技術と社会生活とのかかわりについて理解を深めさせ，技術を適切に評価し，活用する能力と態度が身につけられるように指導する必要がある．そこで，本書では，その指導内容や指導方法を踏まえながら，できるだけわかりやすい事例を取り上げ，また最新の技術情報を取り入れて解説を加えた．さらに，各専門分野の学習指導法については，それぞれの分野の展開の中でその要点を記述した．

　本書は，「家庭機械・電気・電子」（理工学社；1996年）をもとに，改題の上，学習指導要領の改訂や時代の変化に即して，必要な加筆修正を施したものである．

　従来の「家庭機械・電気・電子」分野に焦点をあてた展開をさらに発展・充実させ，2021年度施行の学習指導要領に示されている指導内容に沿って，「材料と加工の技術」，「エネルギー変換の技術」，「情報の技術」の視点から，「機械・電気・情報」の各分野の基本的な内容に重点を置き，家庭生活と関連付けながら，各分野の知識と技術についてまとめた．とりわけ，重要性を増した「情報の技術」については，十分な紙面を割いて解説を加えた．

　さらに，現代の技術社会や環境とのかかわりについても理解を深めさせるとともに，技術を適切に評価し活用する能力の育成にも役立つよう，記述内容に配慮した．わが国のエネルギー事情と対策についても，東日本大震災後の状況を踏まえ，統計資料等を最新のものに改めた．

　終わりに，本書の企画・編集にご努力下さいましたジュピター書房の皆様にお礼申し上げます．

2021 年 2 月

筆　者

目　　次

新しい時代の家庭機械・電気・情報
第二版

1章　現代の生活と機械

1・1　道具や機械のはじまり

　人間は自ら道具を作り，その道具を工夫し発展させて多様な工具や器具を作り，それらを使って機械づくりにまで発展させた．

　初期の道具は，手に持った一個の石や棒であった．それは，人間が生き抜くための手段として本能的な行動からはじまった．斧の始まりは，手のひらに合う大きさの石を使用したことだったと考えられる．その後，一個の石を他の石で割ったり，砕いたり，鋭くとがらせたりして，ナイフややりを作り，狩りやものづくりの道具としてきた．また，落雷や火山の噴火によって発生した火を発見して利用し，自ら火を起こす方法も発明した．

　食料が手近な生活環境から獲得できた時代には，やり，もり，弓矢，吹き矢のような武器が狩猟のために使われ，また魚をとるためには，骨や貝殻で作った釣針を使った．その後，狩猟とともに，農業が食物を獲得するための主要な手段になるにつれ，灌漑や耕作，作物の収穫のための用具が必要になり，水を汲み上げるための機械用具として，滑車，スクリュー，歯車，ピストンなどが生み出されてきた．

　このように，人間はいろいろな自然現象から学びとり，多くの道具を発明し，その道具は多くの人々の創意・工夫を経て，近代工業技術へと進展した．

　18世紀にイギリスで起きた産業革命により，蒸気機関・内燃機関などの動力が発明され，これまでの手工業生産から動力を利用した機械工業生産が始まった．

　生産工場の発展とともに19世紀にはいると，電磁気学の発達によって電動機や発電機などが発明され，工業技術は飛躍的に進歩した．現在では，エレクトロニクスなどの新しい技術によって，自動車，電気製品，コンピュータなどの工業製品が

大量かつ安価に生産されるようになっている．このように技術の進展は，人々の生活を豊かにしてきたが，反面，豊かさや快適性を追求してきた結果，大量の生産物やエネルギーを消費することになり，地球環境の破壊や資源の減少という課題が生じ，その解決に向けた取り組みが地球規模で必要になっている．

1・2　家庭機械

　近代文明からはるかに離れて，遠い過去のわれわれと同じような生活をしている民族でも，その大部分は簡単な機械をもち，例えば布地を織って被服を作る．

　このように家庭機械は，けっして新しいものではなく，長い歴史を有する．しかし何といっても，大量の機械が家庭に入りこむようになったのは現代の特長の一つであって，そこには今日の工業技術や社会制度の反映を見ることができる．

　わが国では，電気冷蔵庫や電気洗濯機のない家庭を見つけることは困難であるし，自動炊飯器のない家庭もごくわずかである．さらに軽自動車も含めた自家用自動車の普及率も，2014 年の統計では，一世帯あたり 1.07 台にのぼっている．

　今日，われわれの生活が過去と比較にならないほど快適なものになった要因の一つは，このようにして家庭で多種大量の機械を使用するところにある．これらを適切に導入し，安全かつ能率的に運転し，正しく保守していくことは，円滑な家庭生活を営むにあたって，大切なことである．そのために機械の原理や構造についての基本的な知識をもち，その機能をよく理解し，必要に応じて自ら簡単な修理・改良もできるようになることが求められる．

1.　家庭機械の導入計画

　家庭で機械を使用するおもな目的としては，生活を能率化してゆとりを生みだすこと，教養や娯楽の充実，衛生状態の改善，行動範囲の拡大など生活の質の向上を図ることがあげられる．これを実現するために，その導入の段階から慎重に検討を行う必要がある．すなわち，それぞれの家庭の条件を考慮して，機械の性能が使用目的にかない，使用が平易で安全であることを確認した上で，必要経費が少なく，アフターサービスなどの保証が整った商品を選択することが重要である．

　家庭内で使用する機械については，**家庭用品品質表示法**があり，消費者が的確な情報を得られるよう，必要な事項を表示するように定められている．また JIS（日

本工業規格）によって，品質が保証され安全が守られている．一方，自動車については，道路交通法，道路運送車両法による規定がある．さらに**製造物責任法（PL法）**は，製品の欠陥や説明書の不備が原因で消費者が不利益を受けた場合，製造者や販売者がその損害を賠償する旨を定めている．

　家庭機械は生活を便利で快適にしているが，しかし同時に，環境に対してさまざまな影響を及ぼすことを忘れてはならない．そのおもなものはエネルギーの消費，機械から排出される物質による環境汚染，使用済みの機械の廃棄処理などである．

　エネルギー消費は石油などの資源を枯渇させるばかりでなく，燃焼時に発生する二酸化炭素が，地球の気象を変化させることが懸念されている．古い機械のリサイクルについても，行政やメーカーの努力とともに消費者の協力が不可欠である．われわれは生活の快適さや家庭経済の面ばかりでなく，地球環境を守るという立場からこれらの事柄について真剣に考えなければならない．

2.　家庭機械の使用と整備

　家庭用機械を完全に使いこなして，機械の性能や特長を十分に発揮させるためには，使用者も必要な知識をもち，正しく使用することが大切である．そのため

　①　機械のおもな構造や原理を理解する．

　②　取扱説明書をよく読み，販売店に説明を求めて，正しい使用法を習得する．

　③　機械の動作状態に注意を払い，必要に応じて分解・清掃・注油などの点検や整備を行う．

　④　異状が発見されたときには，その原因を探ると同時に，すみやかに適切な処置をする．

などの点に留意が必要である．

　家庭機械は本来，非専門家が扱うものであるから，それに対する安全性は慎重に配慮されている．しかし一般的にいって，どんな場合にも絶対に安全ということはあり得ない．たとえば交通事故に対しては，メーカーの対策と同時にユーザーの安全意識が重要である．その他の場合についても，不注意によって，けがや火災などの災害を起こすことのないように注意を怠ってはならない．

　現在の家庭機械は，ユーザーによる特別の保守作業をほとんど必要としない．しかし，なかには定期的点検，分解掃除，注油などを要するものもあるから，そのと

きには取扱説明書に従って行うべきである．また自動車のように，法令によって整備点検が規定されているものについては，それを順守しなければならないことはいうまでもない．

　機械を分解するときには，説明書をよく読んで構造を十分に理解し，指定された手順に従って部品を一つずつ外していく．外した部品を紛失しないこと，作業中は説明書と実物とを照合して，部品の損傷・摩耗・変形などを観察することなどの注意が必要である．分解・組立てに使われる工具を図1・1に示した．

　最近の機械は，ユーザーの注油をほとんど必要としない．しかし取扱説明書に指示がある場合には，それに従って指定の潤滑剤を適量，注油しなければならない．潤滑剤は液体の潤滑油，半個体状のグリースと固体潤滑剤に大別されている．

　家庭機械で普通用いられているのは潤滑油である．グリースはころがり軸受に用いられる．潤滑油はそれぞれ品種，粘度，温度特性などの性質が異なるから，指定されたものを使用する必要がある．使用済みの廃油等の処分にあたっては，環境を汚染しないよう居住する市区町村の処理指定に従わなければならない．

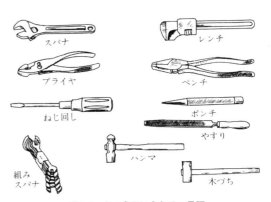

図1・1　ふつう用いられる工具類

3. 家庭機械の分野と学習の目的

　かつて"米を炊く"という技術には長年の習練が必要であったが，いまでは自動炊飯器によって，だれでもが一様な品質のごはんを簡単に作ることができる．このようにユーザーは，特別な訓練なしに，説明書に従ってボタンを押すだけで，目的とするサービスを機械から得ることができる．これは家庭機械にコンピュータなどの自動装置を組み込むことなどで操作が簡単になり，かつ高度な加工技術や新素材が導入されたことで保守に手がかからないようになった結果である．

　しかし，こうした機械をより上手に利用し，長くその性能を維持し，かつ万一の故障に備えて万全の対策をとるためには，機械の原理・構造・動作について基礎的な知識をもつことが必要である．それは家庭生活を快適にし，家計を豊かにするばかりでなく，賢い消費者として正しく行動し，発言力を高めることにも役立つ．

1・3　設計・製図

1.　設　計

　よい製品の設計には，機械等に関する幅広い知識と経験が必要である．機械要素の機構や特質，規格等をよく理解し，製図，加工技術について幅広い知識を有することが求められる．製品ができあがるまでの工程は，次のように表せる．

$$\boxed{構\ 想} \dashrightarrow \boxed{設\ 計} \dashrightarrow \boxed{製\ 図} \dashrightarrow \boxed{製\ 作} \dashrightarrow \boxed{評\ 価}$$

　なお，評価により改善が必要な場合は，フィードバックして設計を変更するなど，一層高品質な製品の開発に努めることが求められる．

　製品の製作にあたって，設計上配慮したい事項は次の通りである．

① 　製品に新しい構想を取り入れる．
② 　製品の使用目的によく合致した機構や材料を採用する．
③ 　製品の各部の機能や作用する力に配慮した材料を活用する．
④ 　工作や組立がしやすく，使い勝手もよく，故障時の修理も容易にできる．
⑤ 　部品等の標準化を図り，コストを削減する．
⑥ 　環境に配慮し，リサイクル等，廃棄後の対応に考慮する．

2.　製　図

　設計の結果は，すべて図面によって表される．製作する製品やその部品は図面の示すとおりに作られるので，図面が正しく描かれていることが大切である．そのため設計者には，製図についての知識と能力が必要となる．

　製図に関する基本的な事項は，**日本工業規格（JIS）**に規定されており，製図総則（JIS Z 8310）や機械製図（JIS B 0001 2010 年改正）の規定に沿って作成する必要がある．また最近では，コンピュータを活用した CAD 製図が企業では活用されており，その規定も JIS にある．

（1）　図形の表し方　製品の形状を表すには，正投影法の第三角法を用いる．三角法の配置を図1・2に示した．正面図は，対象物の形状を最も明瞭に表す面とし，他に平面図や側面図を添える．

　立体を表すには等角図やキャビネット図を用いる．等角図は，立体の底面の直交する二辺を水平線に対して30°傾けて描き，幅，高さ，奥行

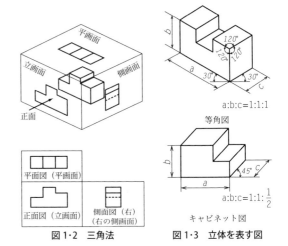

a:b:c=1:1:1

等角図

a:b:c=1:1:$\frac{1}{2}$

キャビネット図

図1・2　三角法

平面図（平画面）	
正面図（立画面）	側面図（右） （右の側画面）

図1・3　立体を表す図

きの長さを実際の2分の1の割合で描く．キャビネット図は，立体の正面は実物と同じ形に描き，奥行きの線は水平線に対して45°傾けて描く．奥行きの長さは実際の長さの2分の1の割合で描く．

（2）　製図用紙　製図用紙には，A系列のケント紙を用いる．用紙の大きさは，描く図形の大きさから選定する．図1・4にA系列の用紙の大きさを示した．用紙は，長辺を横向きにする．図面には，輪郭線，中心マーク，表題欄を記入する．図面の尺度は，X（描く長さ）：Y（実際の長さ）で表す．

（3）　線の種類　表1・1のように，線は太さにより，細線・太線・極太線（太さの比率1：2：4）があり，用途により使い分ける．

（4）　文字の表記　文字は，線の濃度に合わせ，明瞭に書く．カタカナとひらがな

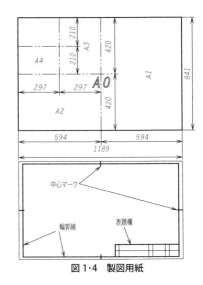

中心マーク

輪郭線　　　表題欄

図1・4　製図用紙

は混用しない．文字は，A形書体またはB形書体とし，混用しない．従来の「文字の大きさ」は使用せず，「文字の高さ」と表記し，従来のローマ字は，「ラテン文字」と呼び方が改正された．また，量記号は斜体，単位記号は直立体で書く．

（5）　**寸法表記法**　図面の寸法は仕上げ寸法であり，単位はミリメートル（mm）を用いるが，単位記号は記入しない．寸法の引き出し線の折り曲げた水平線は参照線といい，その上に寸法数値を書く．狭いところは，引き出し線の矢印は省略できる．

表 1·1　用途による線の種類

用途による線の名称	線の種類
外形線	太い実線
かくれ線	太い破線
	細い破線
中心線	細い一点鎖線
	細い実線
引出線	細い実線
想像線	細い二点鎖線

JIS B 0001 による

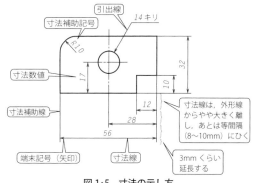

図 1·5　寸法の示し方

（6）　**穴の表記法**　直径15mmのドリルで開けた深さ15mmの穴の表記を図1·6に示す．貫通穴の場合は，深さは記入しない．

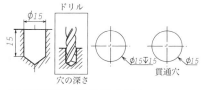

きり先端の円すい部は深さに入れない

図 1·6　穴の示し方

（7）　**ねじの表記法**　一般に，メートルねじが使われており，外形18mmのメートルねじは，M18と表記する．めねじの大きさは，はまり合うおねじの大きさで表す．図1·7にねじの寸法記入例を示す．

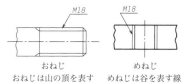

おねじ
おねじは山の頂を表す線から引出線を出す

めねじ
めねじは谷を表す線から引出線を出す

図 1·7　ねじの示し方

（8）　**材料の表記法**　使用する材料の名称は，図面には材料記号で表記する．一般構造用圧延鋼材の引張り強さ 400 MPa の材料は，SS 400 と表記する．機械構造用炭素鋼鋼材の炭素含有量が 0.42 ～ 0.48 の材料は，S45C と表記する．

（9）　**製図用具の使い方**　図 1・8 のように製図板と T 定規を利用する場合は，T 定規の頭部を製図板の垂直の端面にきちんと合わせ，水平に保たれた長手の胴に用紙の長手の面を合わせ，用紙の四隅を製図用テープで固定する．使用する用紙の位置が，製図板の水平と垂直方向に合致していれば，T 定規と三角定規を組み合わせて，水平線や垂直線を容易に引くことができる．線の引き方を図 1・9 に示した．

　円を描く場合は，コンパスの両脚をなるべく用紙に垂直に立てて，鉛筆の芯に常に一定の力がかかるようにして描く．曲線の場合は楕円定規や雲形定規などを活用するとよい．

　製図機械を用いれば，分度器が付属しており，三角定規を使用せずに，スケールを任意の角度に設定して線を引くことができる．

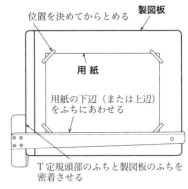

位置を決めてからとめる　　　製図板

用　紙

用紙の下辺（または上辺）をふちにあわせる

T 定規頭部のふちと製図板のふちを密着させる

図 1・8　用紙のとめ方

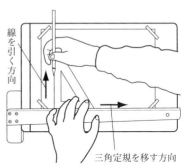

線を引く方向

三角定規を移す方向

図 1・9　垂直な線の引き方

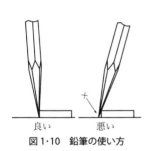

良い　　　悪い

図 1・10　鉛筆の使い方

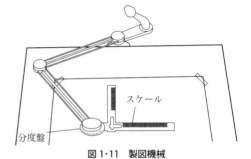

スケール

分度盤

図 1・11　製図機械

2章　機械要素とその働き

2·1　機械の3要素

卓上ボール盤を例にその構成要素をみると，穴開け工具のドリルを回転させる電動機（電気エネルギーの活用），電動機の回転を主軸に取り付けたドリルに伝える V ベルト（回転運動の伝達），固定されたテーブル上の工作物に回転するドリルを下げて穴を開けるという仕事（運動）を担う部分，これら各部を支え保持する土台と支柱からなることがわかる．このことから，機械を構成する要素を次の三つにまとめることができる．

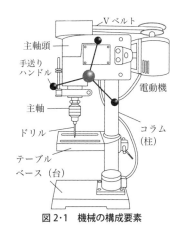

図 2·1　機械の構成要素

① 抵抗力のあるものを組み合わせて作られている

機械の部品の多くは，抵抗力のある金属でできているが，張力を受けるベルトや圧力を利用する油や空気のような液体も含まれる．

② 限定された一定の相対運動をする構成部分がある

やすりやハンマは，鉄と木材を組み合わせて作られているが，相対運動はしないので機械とは言わず工具という．

③ エネルギーの供給を受けて，有効な仕事をする

①と②の条件を満たし，かつ，エネルギーを受けて外部に有効な仕事をする必要がある．例えば，計測に使われる時計やはかりなどは，人間の知覚を補助するもので，外部に有効な仕事するものでなく，器具と言われる．

機械は，数多くの部品によって組み立てられている．これらの部品のうち，ボルト・ナット・軸・軸継手・軸受・歯車・ばねなどは，どのような種類の機械にも共通して用いられていることが多く，これらを総称して**機械要素**という．

機械要素には，ボルトや軸などのように単品のものもあれば，軸受やバルブなどのように複数の部品からできているものもある．機械要素の使用目的による分類を表2·1に示した．

表 2·1　機械要素の使用目的による分類

伝動に用いられるもの[1]	歯車・Vベルト・チェーン・カムなど
軸に用いられるもの	軸・軸継手・クラッチ・キー・軸受など
制動・緩衝に用いられるもの	ブレーキ・ばねなど
管路に用いられるもの	管・管継手・バルブなど
締結に用いられるもの	ねじ・ボルト・ナット・リベットなど

[1] 離れた部分に動きを伝えると同時に，回転の方向や速度を変えたり，回転運動を直線運動に変える目的でも使われる．

1. カム装置

カム装置は，回転軸にカムという特殊な形をした円盤などを取り付けて，回転運動を往復直線運動や揺動運動に変える機構である．エンジンの弁の開閉に利用されている板カムやミシンの天びんを動かす円筒カムなどがある．

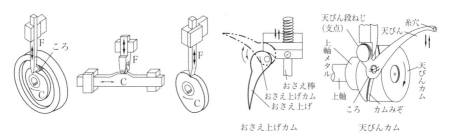

(a) 確動カム　　(b) 直動カム　　(c) 板カム　　(d) ミシンのカム

図2·2　カ ム

2. リンク装置

基本的には4本のリンク（棒）で構成され，各リンクの長さや固定するリンクを変えることにより，揺動運動を回転運動に変えたり，逆に回転運動を往復運動や揺

動運動に変えることができる．具体的な利用例と
しては，両てこ機構，平行クランク機構，てこク
ランク機構などがある．

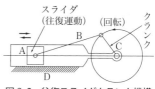

図2・3　往復スライダクランク機構

　往復スライダクランク機構は，ピストンの往復
運動をクランクの回転運動に変換する機構で，リ
ンクの一本を減らし，代わりにスライダをもうけ
ている．ミシンの針棒の上下運動の機構にも使われている．

3.　ベルトとチェーン

　伝動ベルトはOA機器やATM（現金自動預け払い機），自動車のエンジン駆動用
などに幅広く活用されており，私たちの生活には欠かせない伝動要素の一つとなっ
ている．ベルトドライブ自転車は，クランク軸と後輪の間の伝動に従来からある
チェーンに代わってベルトドライブ（歯付ベルト）を使用したものである．

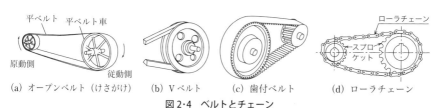

(a)　オープンベルト（けさがけ）　　(b)　Vベルト　　(c)　歯付ベルト　　(d)　ローラチェーン

図2・4　ベルトとチェーン

4.　歯　車

　歯車伝動装置は，歯をきざんだ一対の車を用いて，互いの歯をかみ合わせて回転
を伝える．図2・5に示されるように，かみ合った歯の面が接触して，図の一点鎖線
の円が互いにすべることなく，ころがり合うのと同じ運動をする．この仮想的な円
のことをピッチ円という．歯の大きさは，ピッチ円の直径を歯数で割った値で表さ
れ，ピッチ円に沿っての1ピッチを円ピッチ t とすると，

　　　$t = \pi D / Z$　（D：ピッチ円の直径（mm），Z：歯数）

となる．

　歯車の2軸がそれぞれ一定の角速度で回転する
ためには，特別の歯形が必要である．そのような
条件を備えたもののなかから，ふつうは**インボ
リュート曲線**が使われる．これは図2・6のよう

図2・5　歯車の嚙み合い

に，固定した円に巻き付けた糸をほどいていくとき，糸の
先端が描く曲線である．

　歯車の歯の大きさはモジュール m という値で表わされ，

　　　$m = D / Z$ （D：ピッチ円の直径（mm），Z：歯数）

である．

　インボリュート歯車では，モジュールが同じ歯車同士
は，歯数に関係なく組み合わせることができる．二つの歯
車を組み合わせたとき，両者の毎分回転数はそれぞれの歯
数に反比例する．

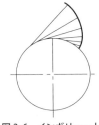

図2·6　インボリュート
曲線

　駆動 a・被動 b の両歯車の回転数を N_a・N_b，歯数を Z_a・Z_b とすると速度比 i は，

　　　$i = N_b / N_a = Z_a / Z_b$

で求められる．

　歯車の主な種類を図2·7に示す．

　図2·8のような，互いに平行な二つのラックと自由に回転できるピニオンを組み
合わせた差動機構の原理を考える．上に向かってラックの移動量を u, w，ピニオ
ン中心の移動量を v とすると両者の間には，

　　　$v = (u + v) / 2$

(a) 平歯車　(b) はすば歯車　(c) やまば　(d) 内歯車　(e) ラックとピニオン　(f) すぐば
　　　　　　　　　　　　　　　歯車　　　　　　　　　　　　　　　　　　　　　傘歯車

(g) まがりば傘歯車　　(h) ねじ歯車　(i) ウォームギア

- 平行な2軸に対して用いられる
　… (a), (b), (c), (d)
- 2軸が交わる場合に用いられる…(f), (g)
- 互いに食い違う軸に対して用いられる
　… (h), (i)
- 回転運動を直線運動に，またはその逆変
　換に用いられる… (e)
- 大きい速度比を得ることができる…(d),(i)

図2·7　歯車の種類

の関係が成立する．これら二
つのラックを紙面に平行な水
平線のまわりに丸めて，それ
ぞれ傘歯車にしたものが，図
2·9 に示す自動車の差動歯車
機構である．ラックに相当す
る傘歯車を左右の車輪に結合
し，ピニオンに相当する傘歯
車の軸を機関によって回転さ
せる．自動車がカーブを曲が

図 2·8　差動機構
の原理

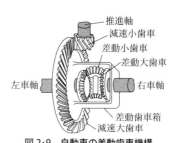

図 2·9　自動車の差動歯車機構

るときなどは，この機構の働きにより左右の車輪がそれぞれ異なった速さで回転す
るので，左右どちらに曲がった道でもスムーズに走行することができる．

5．軸と軸継手

　機械では，動力を利用したり，運動をしたりするところには，必ず軸が用いられ
る．回転運動によって動力を伝える伝動軸や車両の加重を支えながら回転する車軸
がそれである．一般にはまっすぐな直軸であるが，直線運動を回転運動に変換し，
またその逆も可能な軸を**クランク軸**という．

　軸同士を連結させるものを**軸継手**という．代表的なものとして，軸の両端に固定
したフランジをボルトで締めあわせて２軸を同一線上で接続する**フランジ継手**や，
自動車や工作機械などで，２軸がある角度をもって交わる場合に用いられる**自在軸
継手**がある．図 2·10 (d) は，自在軸継手の機構を示したものである．軸Aが回転
すると十字型のリンクBを通して軸Cが回転するしくみになっている．

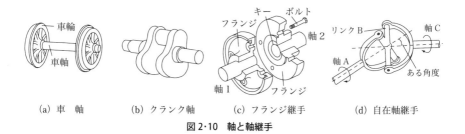

　(a) 車　軸　　　(b) クランク軸　　(c) フランジ継手　　(d) 自在軸継手

図 2·10　軸と軸継手

6.　軸　受

　軸受は，図2・11に示すように，**すべり軸受**と**ころがり軸受**に大別される．すべり軸受は，軸と軸受が面ですべり接触をする．軸受には軸受金を入れることが多い．軸受金には，潤滑性，耐摩耗があり，しかも軸を傷付けないことが要求される．そのため，鉛青銅やホワイトメタルが用いられる．同図（b）のころがり軸受は，軸と軸受の間に玉，またはころを入れて回転摩擦を少なくしたものである．

　軸受はまた，荷重を受ける方向から，**ラジアル軸受**と**スラスト軸受**に分けられる．ラジアルすべり軸受を**ジャーナル軸受**ともいう．

　船のスクリュー軸など，軸が推力を受けるときには，スラスト軸受を用いる．また図2・12（a）のピボット軸受は推力を軸の端面で受ける．大きい推力が働くときには，同図(b)のつば軸受が適している．

　ころがり軸受にも，図2・13のようにラジアル軸受とスラスト軸受がある．同図(c)の円すいころ軸受は，両方向の荷重を同時に受けることができる．

7.　クラッチ

　2軸の連結と切り離しを行うために使用する軸継手で，かみ合いクラッチは，動力は止めて従軸のフランジを滑らせてつめの脱着をする．このかみ合いクラッチ

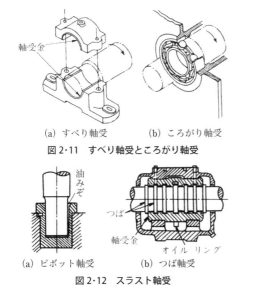

(a) すべり軸受　　(b) ころがり軸受
図2・11　すべり軸受ところがり軸受

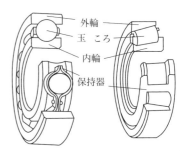

(a) ラジアル玉軸受　(b) 円すいころ軸受

(a) ピボット軸受　(b) つば軸受
図2・12　スラスト軸受

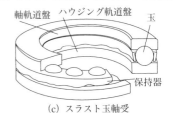

(c) スラスト玉軸受
図2・13　ころがり軸受

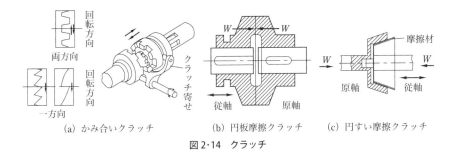

(a) かみ合いクラッチ   (b) 円板摩擦クラッチ   (c) 円すい摩擦クラッチ

図2・14 クラッチ

は，動力を確実に伝え，つめが台形状のものは左右どちらの回転も伝えられるが，のこぎり歯形状のものは一方向の回転しか伝えられない．

円すい摩擦クラッチは，軸方向の押しつける力に生じる摩擦を利用して動力を伝達する軸継手で，回転中に脱着が可能で，自動車などに使われている．円板摩擦クラッチは，従軸側の円板は軸の溝上を滑って脱着される．

8．ブレーキ

（1）ディスクブレーキとドラムブレーキ ディスクブレーキは，ホイールと一緒に回転するディスクをブレーキパッドで挟み込んで制動する．ディスク自体が外に露出しているため放熱性や排水性に優れている．乗用車やバイクに利用されている．

図2・15は，多く使われている片側ピストンタイプの断面図である．ブレーキペダルを踏むと，油圧でピストンがブレーキパットをブレーキディスクに押しつけ，パッドを押し付けた力の反発力が，シリンダに相当するキャリパー自体を反対方向に引っ張り，ピストンの反対側のブレーキパッドをディスクに押し付ける．こうして，ディスクを両方から挟み込む事ができるしくみになっている．ディスクの両側にピストン機構が設けられているものもある．

ドラムブレーキは，ホイールと一緒に回転するブレーキドラムにシューを内側から押し付けて制動する仕組み

図2・15 ディスクブレーキ

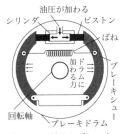

図2・16 ドラムブレーキ

である．ブレーキペダルを踏むとブレーキオイルが押し出されてシリンダーに送られ，シリンダーから前進したピストンがシューをドラムに押し付けて制動する．制動後，ブレーキペダルを離すとスプリングによってシューは元の位置に戻る．

（2）**回生ブレーキ**　駆動用のモータを，減速時にタイヤの回転を利用した発電機として使用すると，異なる極同士の引き合う力が抵抗となり，タイヤの動きを止めようとする力となって，ブレーキの役割を果たす．これを**回生ブレーキ**という．

9.　キーと割ピン

キーは，軸に歯車等を固定するのに用いられる．沈みキーは，軸の溝と歯車の穴の溝を合わせてキーを差し込んで固定する．また，力のかからない部品の連結には，半円の針金を二つ折りにした割ピンを穴に差し込んで固定する．

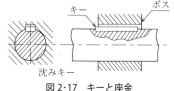

図 2·17　キーと座金

10. ば　ね

ばねは，機械的エネルギーを吸収したり蓄えたりするもので，弾性の大きい材料である炭素鋼材を必要な形状にした後，熱処理してつくられる．使用目的により，コイルばね，板ばね，うずまきばねなどがある．

圧縮コイルばねは，振動や衝撃を吸収し緩和するので，車両の懸架装置に使われ，引張りコイルばねは，ばねばかりに使われる．うずまきばねはアナログ時計のゼンマイに使われる．トラックなどの大型の荷物車には，後輪の車軸に多重の板ばねが使われている．

引張りコイルばね　　圧縮コイルばね

重ね板ばね　　　うずまきばね

図 2·18　ばねの種類

11. ね　じ

ねじには山の形状により，三角ねじ，台形ねじ，角ねじなどがある．機械部品の締結用には，メートル規格の三角ねじが多く用いられる．普通は並み目ねじが使われるが，さらに細かいピッチの必要なときには，細目ねじもある．

管用ねじはパイプ用のねじで，肉厚の薄い管

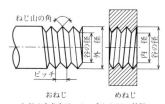

おねじ　　　めねじ

ねじの大きさは，ふつうおねじの外径（呼び径）であらわされる．

図 2·19　三角ねじの各部の名称

の強さを損なうことのないようにねじ山は丸くて低く，ピッチも小さく，シールテープを巻き付けたりシール剤を塗ってから接合するなど機密性を確保している．水道やガスの配管に使われる．

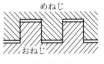
(a) 角ねじ

角ねじや台形ねじは，三角ねじに比べてねじ山が強固で，万力などの締め付け用のねじや，大型機械の送りねじに使われる．丸ねじは電球の口金に用いられる．

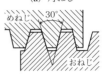
(b) 台形ねじ

ボールねじは普通のねじと比べ摩擦が小さく回転がなめらかなので，コンピュータ制御の工作機械や，自動車用ステアリングギヤなどの運動用ねじとして使われている．

また，精密ねじを利用している精密測定用のマイクロメータは，図2·20のように，フレーム左端を基準面として右端に精密なめねじを切り，これにスピンドルのおねじをかみあ

(c) 丸ねじ

図2·20 ねじの種類

わせる構造になっている．このねじの1回転で進むピッチは0.5mmなので，おねじの外周を50等分し，1/50回転させるとスピンドルは0.01mm移動する．つまり，マイクロメータは，1/100mmの精度で測定できる．

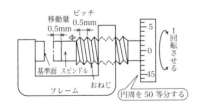
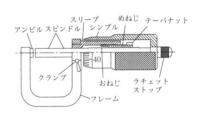

図2·21 マイクロメータ

12. ボルト・ナットと座金

ボルトとナットは，締結用機械部品として多用されている．ボルトは用途により，通しボルトや押さえボルト，植え込みボルトが使われる．

座金は，ボルト穴が大きいときや座面

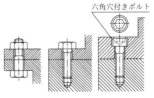

(a) 通し　(b) 押さえボルト　(c) 植込み
ボルト　　　　　　　　　　　ボルト

図2·22 ボルトの種類

が平らでないときに，ナットと部材の
間に入れて締め付け力を保つために用
いられる．特に緩みやすい箇所では，
ばね座金を用いる．また，二重ナット
にする場合は，下側，続いて上側の
ナットを締めた後，最初に締めた下側
のナットを少し戻すとよい．

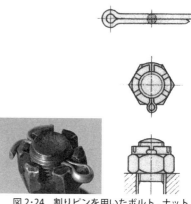

図 2·24　割りピンを用いたボルト, ナット
　　　　　のゆるみどめ
〔写真：株式会社　旭ノ本金属工業所〕

図 2·23　ゆるみどめの座金の例

13. 水道栓と混合栓

　家庭で使われている水道栓
や，水と湯との混合栓の故障で
一番多いのは，蛇口からの水漏
れであるが，そのほとんどがコ
マやオーリングなどのパッキン
を交換し直すことができる．

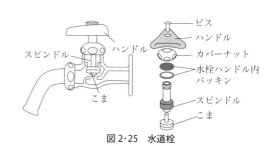

図 2·25　水道栓

　混合栓では，内部のカート
リッジ式の弁体がレバーと連動
していて，レバーを下げると流
量が減り，上げると流量が増え
る．左右の位置を調節すること
で水と湯との流量の割合を制御
し，適温にすることができる．
水漏れの場合はカートリッジを
交換すればよい．

図 2·26　混合栓

3章　生活と材料

　日常生活で使用される製品には，金属やプラスチック，木材など多くの材料が使われている．なかでも機械には，強さ，加工の容易さ，経済性などの点から多くの金属材料が使われている．しかし近年ではプラスチックの研究が進み，強度その他の優れた性質をもつ新しい材料が開発された結果，その耐久性や耐食性，軽量性を生かして，新素材が大量に使用されるようになっている．特にガラス繊維，カーボン繊維を強化材として成形した繊維強化プラスチックは，金属をしのぐ強さをもっている．また，無機質の非金属粉体を成形・焼結したセラミックスは，硬度が高く耐摩耗性や耐熱性に優れ，従来から点火プラグや軸受などに使われていたが，衝撃に弱いという欠点も窒化物や炭化物など新しい材料の開発によって改善され，その利用が急速に進んでいる．そこで第3章では，代表的な材料として，金属材料，非金属材料，複合材料の主な特質について述べる．

表3・1　機械材料の種類

金属材料	鉄鋼材料	炭素鋼，合金鋼，鋳鉄など
	非鉄金属材料	アルミニウム，銅，ニッケル，亜鉛など
非金属材料		木材，プラスチック，セラミックスなど
複合材料		炭素繊維強化プラスチック，繊維強化金属など

3・1　金属材料

　単体の金属として発見された金や銀は，古代より装飾に使われていたが，紀元前4000年頃，銅が熱で溶けることが分かると，加工して武器や農機具として利用されるようになった．その後，銅に錫を添加した青銅器がメソポタミア地方で作られ，

シルクロードを通り，中央アジア，インド，中国を経て，わが国にも伝来した．

　鉄については，紀元前2000年頃，メソポタミア地方のアッシリアで鉄の剣が武器として使われ始め，紀元後は鉄鋼や銑鉄が世界で広く使われ始めた．それ以来，鉄の時代がつづいてきたが，現在は新しい各種材料が開発され利用されている．

　実用化されている大部分の金属材料は，細かい結晶が集まってできている．これを**多結晶**という．それぞれの結晶粒子は，**結晶格子**という金属の原子が規則正しく配列した構造をもっている．この格子には配列がずれたところがあり，これを**転位**という．このような結晶構造から，金属の変形や破壊などについてのいろいろな性質を説明することができる．ただし最近では，単結晶あるいは非結晶質の金属も作られるようになり，特殊の用途に使われている．また焼結合金は，金属の粉末を圧縮成形して焼き固めた材料である．

1.　炭素鋼

　われわれがふつう鉄といっているものは，鉄と炭素の合金である炭素鋼および鋳鉄である．これらは，ほかの材料に比べて強さ・硬さが高く，加工が容易で経済的にも優れており，機械材料として最も重要である．また熱処理によって，その性質を改善することができるのも鉄の大きな特長である．

　鉄は炭素の含有量によってその性質が変化する．そこで，含有量が0.035％以下のものを純鉄，0.035〜2.14％のものを炭素鋼または鋼，それ以上の炭素を含むものを鋳鉄と分類する．

　鋼の機械的性質は，主としてその炭素含有量によって決まる．図3・1が示すように炭素量の増加にしたがって強さが増し，伸びは小さくなる．低炭素鋼は加工性がよく，溶接も容易であるから，構造用鋼材・鋼板・鋼管などに用いられる．炭素量が0.2〜0.3％程度のものは，切削・鍛造・圧延が容易であるから，ボルトやナット，その他の一般機械部品に適している．炭素量が0.35％以上のものは，焼き入れがきくので，強さ・耐摩耗性を必要とする軸・歯車・ばねなどに用いられる．

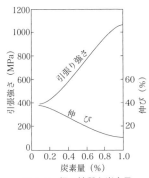

図3・1　鋼の性質と炭素量

2. 合金鋼

合金は，一つの金属にほかの金属または非金属を加えたものである．合金からは，単一の純金属にはないような優れた性質が得られる．

炭素鋼にニッケルやクロム，モリブデンなどを加え，耐摩耗性や耐食性を高めたものは，工具用や構造用の材料として用いられる．

ステンレス鋼は，鉄にクロムを12％以上加えることで，表面に緻密な酸化皮膜を形成し，さびを生じにくくしたものである．板材や管材，台所の水回りの用品等に活用されている．バイトやドリルなどの刃物に使われる工具鋼は，炭素鋼にクロムやタングステン，バナジウムを加え，焼き入れ性や耐摩耗性を高めている．ばね鋼は，炭素鋼にケイ素やマンガン，クロム，バナジウムを加え，弾性と耐疲労性を高め，熱間成形後に熱処理して強度を高めている．

3. 鋳 鉄

2.14〜6.67％の炭素を含む鉄を鋳鉄という．硬くもろいが，融点が低いので鋳造に適した材料で，溶融した鋳鉄を型に入れて作る鋳物製品に適している．

鋳鉄では作ることの出来ない強度のある大型鋳物には，炭素量を0.2〜0.5％とし，シリコンやマンガンを加えて耐食性や耐熱性も高めた鋳鋼が使われる．

4. アルミニウム合金

アルミニウムとその合金は，軽くて熱伝導性のよいのが特長である．アルミニウムの耐食性を改善するため，表面に酸化膜を形成させたものがアルマイトである．アルミニウムに銅，マグネシウム，ケイ素などを添加した軽合金は，機械の軽量化や省エネルギーにも有効なことから，家庭機械への使用が増加している．

5. マグネシウム合金

マグネシウム合金はアルミニウムに比べて密度は3分の2と低いが強度がある．ただ化学的な弱点があるので，マンガンを加えたものが，自動車部品，カメラのボディなどの外装材に用いられている．

6. 銅合金

銅は電気材料として大量に用いられるが，機械にはそのままではなく，おもに銅合金として使用される．銅と亜鉛の合金は黄銅または真ちゅう，銅と錫の合金は青銅と呼ばれる．青銅にリン，あるいは鉛を加えたリン青銅，鉛青銅は軸受として優

れた性質を示す．軸受に使われているホワイトメタルといわれるものは，錫（すず），亜鉛および鉛などの合金である．

3・2　非金属材料・複合材料・新素材

1．木　材

（1）　**木材の特徴と分類**　地球の自然環境を守ってきた樹木は，最も身近な材料として昔から住居や家具，橋などに使われてきた．また，木材は熱を伝えにくいため，金属に比べて触れた時に少し暖かく感じられるという特性がある．

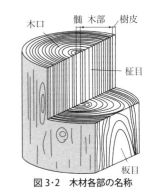

図3・2　木材各部の名称

樹木には，針葉樹と広葉樹がある．スギ，ヒノキなどの針葉樹は，材質は柔らかいが長い木材が得られ，一般的に加工しやすい．ケヤキ，カシなどの広葉樹は硬く加工しにくい．

木材の長所として，軽く，加工しやすく，木肌や色合いが優れている点があげられる．その一方で，熱や水分の影響を受けやすく，反りやねじれや割れが生じやすい．また，燃えやすく腐りやすい．

木材には，丸太を製材しただけの**無垢材**と，製材した部材に加工を施した後，接着・成形した**木質材料**とがある．木質材料には次のようなものがある．

①　**合板**　薄くした板を，接着剤を用いて繊維方向が互いに直交するように奇数枚重ねて貼り合わせたもので，繊維方向による性質を改善した板材．

②　**集成材**　木材の節や割れや曲がりなどの欠陥を削り取った小幅材を繊維方向に揃えて接着し，変形を少なくした板材．

③　**パーティクルボード**　木材の小片（チップ）を合成樹脂接着剤で練り合わせて，加熱圧縮して成形したもの．家具などの下地材として用いられる．

（2）　**木材製品の規格**　木材の規格には主なものとして，"JAS（**日本農林規格**）"，"JIS（**日本工業規格**）"，"AQ（**優良木質建材等認証**）"の三つがある．"AQ"は，1973年に新しく制定された制度で，それまでの規格では次々に登場する新技術や，新製品に対応することが難しくなったことから制定された．AQマークは

（財）日本住宅・木材技術センターによって認証されるもので，"品質性能"，"製造技術"，"品質管理"などの基準で判定した結果，優良とされた製品のみに表示されている．

2．プラスチック

プラスチックは，石油や天然ガスを原料として作られる合成樹脂である．軽量で成形性や電気絶縁性・耐食性に富むが，機械的強度や耐熱性は劣る．

① **熱可塑性樹脂**　熱を加えると柔らかくなる性質があり，熱には弱いが，押出成形や射出成形などで加工しやすい．ポリエチレンは包装材，雑貨，工業繊維として使われ，ポリ塩化ビニルはパイプ，板材，電線被覆として活用されている．ポリスチレンは電気部品や容器などに利用され，透明度の高いアクリル樹脂はレンズや照明器具や光ファイバーに利用されている．どれもリサイクルに適した材料である．

② **熱硬化性樹脂**　一度熱を加えて硬化させると再度熱を加えても軟化しない．耐熱性や耐薬品性に優れている．フェノール樹脂は機械的強度や電気絶縁性に優れ，電気部品や自動車部品に使われている．ベークライトもこれに属している．メラミン樹脂は機械的強度や耐水性に優れ，耐熱食器や電気・機械部品に使われている．エポキシ樹脂は金属への接着性や耐薬品性があり，半導体封入素子や接着剤，塗料に使われている．

3．セラミックス

粘土やけい砂などの鉱物を成形し，加熱処理して作る陶磁器，ほうろう，ガラス，セメントなどの窯業製品を一般にセラミックスという．耐熱性，耐食性，耐摩耗性に優れている．これに対し，純度の高い合成の酸化物や窒化物や炭化物を高温加熱し焼成した**ファインセラミックス**が作られている．機械部品や日用品，半導体など，エレクトロニクス分野にも用途が拡大している．

4．ガラス

ガラスは，ケイ素と金属酸化物を高温で溶融したのち冷却して固形化したものである．装飾性や電気絶縁性に富み，硬く，光の透過性に優れた特性があり，溶解すれば再利用が可能である．

ソーダ石灰ガラスは板，瓶，食器に使われ，鉛ガラスは眼鏡や高級食器に，ホウケイ酸ガラスは耐熱ガラスとも言われ，理化学器具や照明器具に用いられる．ま

た，ガラス素材を物理的・化学的に改良して，強化ガラスや光ファイバー，熱反射ガラスなどが作られている．

5.　ゴ　ム

ゴムは，弾性に富み，耐摩耗性や耐久性があり，タイヤやベルト，ばね，パッキングなどその用途は広い．天然ゴムの原料には，ゴムの木の白い樹液（ラテックス）を酢酸で凝固させた生ゴムが使われる．ゴム原液に硫黄を加えて加熱すると線状高分子がネット状につながり合い，弾性を発揮する．用途に応じてカーボンなど強化剤を配合する．合成ゴムは石油を主原料とし，求める特性ごとに化学的に生成された材料を使ってゴム素材が作られる．合成ゴムはシリコンゴムやスチレンブタジエンゴム，イソプレンゴムなど，用途により多くの種類がある．

6.　複　合　材　料

材質の異なる材料を組み合わせたもので，**炭素繊維強化プラスチック**はその一例である．強化材として炭素繊維が，母材には主にエポキシ樹脂が用いられる．高い強度と軽さをあわせもつため用途は広く，ゴルフクラブのシャフトや釣り竿などのスポーツ用品から実用化が始まり，その後航空機，自動車などの産業用に用途が拡大した．建築，橋梁の耐震補強など建設分野でも使われている．

生産工程は手作業が多く，設備費用も高く，コスト高で，量産には向かない．

7.　新素材

最近新しく開発された材料としては，土の中のバクテリアによって分解される**生分解性プラスチック**や変形させても元の形に戻る**形状記憶合金**などがある．

また電気をよく通す**導電性ポリマー**は，金属並みの通電性があり圧力がかかると通電するのでタッチパネルに，光を照射すると導電性をもつので複写機やレーザープリンタに使われる．また，電圧をかけると発光するのでフレキシブルディスプレイとして**有機エレクトロルミネッセンス**（**有機 EL**）への応用も期待されている．

窓用の透明な太陽電池に用いられているのは，紫外線の働きで材料内にプラスの電気を帯びた正孔が生じる透明な新材料（銅とアルミニウムの酸化物）で，赤外線は反射するので断熱効果がある．

調光ガラスは，交流電圧のオンとオフにより，ガラス内の液晶分子が光の透過（透明）状態と，乱反射（白色）状態に切り替えられるガラスで，必要に応じて透

明にしたり不透明なガラスにすることができる.

3·3　金属材料の機械的性質

　機械が円滑に動作するためには，そこに作用する荷重に耐
え，動力を伝達し，振動を吸収するなどの機能が必要である.
これらは機械を構成する材料の機械的性質に負うところが大
きい.

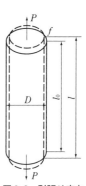

　材料に力が作用したときの強さは，**応力**という値で比較さ
れる. 図3·3のように長い棒状のものを引張ったとき，引張
り力 P（N）を断面積 $[f = \pi D^2 / 4\ (\mathrm{mm}^2)]$ で割った

　　　$\sigma = P / f$ （MPa）

を応力（**引張り応力**）という. 応力を徐々に増加して，この
棒が切断したときの値 σ を**引張り強さ**という.

図3·3　引張り応力

　はじめの長さ l_0 の棒に応力 σ を加えて，これが l になった
とする. 伸びた量は $[l - l_0]$ である. これを l_0 で割った $[(l$
$- l_0) / l_0]$ を**ひずみ**（伸びひずみ）という. 金属などでひ
ずみがあまり大きくない範囲では，ひずみは応力に比例し，
応力を0にすると元の長さにもどる. この性質を**弾性**とい
う. 応力が大きくなって棒が切断したときの伸びひずみを，
その材料の**伸び**という. 引張り強さ，および伸びは，金属材
料を代表する重要な特性値である.

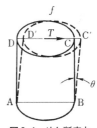

図3·4　せん断応力

　材料には引張り応力のほかに，せん断応力が働く. 引張り力が断面に垂直に働く
のに対して，図3·4のようにせん断力は，面に平行に作用する. 荷重 T が DC に
平行に加わると，長方形 ABCD は図のようにひし形 ABC′D′ に変形する. T（N）
を面積 f（mm²）で割った T / f（MPa）を**せん断応力**，角度 θ（ラジアン）を**せん
断ひずみ**という.

3·4　機械部品に働く応力

機械部品に力が加わる状態のなかで，図3·5に示された二つは特に重要である.

弾性をもった細長い部材
の両端を支えて同図（a）
のように荷重を加える
と，図のように曲げよう
とする作用が働く．これ
を**曲げモーメント**とい
う．このとき部材の上部

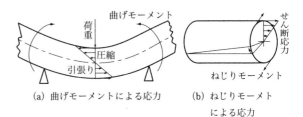

(a) 曲げモーメントによる応力　　(b) ねじりモーメト
による応力

図3・5　曲げとねじり

には圧縮応力，下部には引張り応力が作用している．

　動力を伝える軸には同図（b）のように，ねじろうとする作用が働き，これを**ね
じりモーメント**，または**トルク**という．このとき軸の断面には，せん断応力が作用
している．円形断面の軸の場合には，図のように，その大きさが中心からの距離に
比例する．

　金属の弾性を利用したばねの例を図3・6に示す．同図（a）の板ばねは，細長い
板の曲げを利用している．同図（b）のコイルばねでは，これを引っ張ったり，圧
縮したりすると，つる巻状に巻かれた針金がねじれて，せん断応力が発生する．

　機械を設計する場合には，それを運転したときに各部品に作用する応力をできる
だけ正確に計測することが重要である．それを単に材料の引張り強さと比較するだ
けでなく，荷重の加わりかた，たとえば，静加重なのか，繰返し荷重なのか，衝撃
加重なのかを考慮して設計する必要がある．

　一般的にいって，同じ能力の機械を小形軽量化できれば，機械の性能が向上し，
省エネルギーにも有効であるが，部材に働く応力が大きくなり，安全性が犠牲にな
る傾向にある．適切な材料を選択して，性能と安全のバランスを上手にとること
が，よい設計の重要なポイントの一つである．

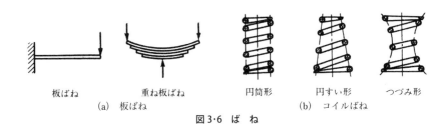

板ばね　　　　　重ね板ばね　　　円筒形　　　　円すい形　　　つづみ形
　　　(a)　板ばね　　　　　　　　　　(b)　コイルばね

図3・6　ば　ね

4章　機械とエネルギー

　エネルギーという言葉は日常なにげなしに使われているが，もともとは力学の用語である．それは**仕事**をする能力を表す量で，仕事＝力×移動距離で与えられる．

　1J（ジュール）は，1ニュートン [N] の力で，物体を1m移動させたときの仕事で，1J＝1N·mのように表す．また，毎秒1Jの仕事とするのが，1ワット [W]である．なお，1Jは約0.24calである．

　高所に持ち上げられた物体 m [kg] は，落下するときに仕事をすることができる．すなわち高い所にあるものは**位置エネルギー**を蓄えている．その大きさは，

　　　E_p [J] ＝質量 m [kg] ×重力 g ×高さ h [m]　　　（重力 g ＝9.8 m／s^2）

である．

　静止している物体に運動を起こさせ，これを加速するには仕事を加えてやる必要がある．速度 v [km/h] で走っている質量 m [kg] の物体には**運動エネルギー**が蓄えられ，その大きさは

　　　E_k [J] ＝（1／2）mv^2

である．

　圧縮された気体は，膨脹するときにその圧力によって仕事をする．気体が圧縮されて，容積が変化するときのエネルギーの増加量は［圧力×（容積の減少量)］に等しい．この変化をたし合わせると，圧縮された気体のエネルギーが計算される．

　一定の容積に閉じ込められた気体を加熱すると圧力が上昇する．すなわち熱もエネルギーの一種である．さらに燃焼によって熱を発生するから，燃料はエネルギーの一種である．これは**化学エネルギー**と呼ばれる．

4・2	燃料の燃焼

　家庭で暖房や調理，自家用自動車などに使用しているエネルギーの大部分は，電力を除けば，石油や都市ガスのような炭化水素系燃料の燃焼によるものである．

　かつては石炭や木炭のような固体燃料も用いられていたが，近年，これらはきわめてわずかになり，燃料のほとんどが気体または液体である．

　気体燃料または液体燃料の蒸気を空気と混ぜた気体を**混合気**，混合の割合を**空燃比**という．混合気の温度が上昇し，**着火点**に達すると燃焼反応が起こり，火炎が発生する．また電気火花などで強制的に発火させることもできる．暖房機のように，なめらかに燃焼する場合もあり，また急激に爆発を起させる場合もある．このほか燃料の微粒子が空気に浮遊している中を，火炎が伝播していくような燃焼もある．

　液体燃料は空気中に蒸発し，局部的に混合ガスを作る．ここに点火源があると引火して，ときによっては爆発にいたる．この最低の温度を**引火点**という．

　ガソリンの着火点は約300℃，引火点は－40℃以下，灯油ではそれぞれ350℃と40℃，メタノールではそれぞれ470℃と12℃くらいである．

　混合気が燃焼するとき，燃料も空気も過不足なく，燃料と空気中の酸素がすべて完全燃焼物に転じるときの空熱比を理論空燃比，このときの発熱量を**理論発熱量**という．これらは燃料成分から，次の式を基にして計算される．

$$\underset{\substack{\text{12 kg}}}{\text{C}} + \underset{\substack{\text{32 kg, } 22.4\,\text{Nm}^3}}{\text{O}_2} = \underset{\substack{\text{44 kg, } 22.4\,\text{Nm}^3}}{\text{CO}_2} + 407\,\text{MJ}$$

$$\underset{\substack{\text{2 kg, } 22.4\,\text{Nm}^3}}{\text{H}_2} + \underset{\substack{\text{16 kg, } 11.2\,\text{Nm}^3}}{0.5\,\text{O}_2} = \underset{\substack{\text{18 kg}}}{\text{H}_2\text{O}} + 286\,\text{MJ}$$

　発熱量のだいたいの値は石油系由来燃料で47 MJ / kg，メタノールで22 MJ / kgくらいである．

4・3	ガソリン機関の燃料

　ガソリン機関では，混合気を霧吹きのような仕組みの気化器で作っている．図4・1にその原理を示す．上方から取り入れられた空気は，断面積が小さくなったベ

ンチュリを通るとき，流速が上がって圧力が低下する．そこでフロート室との圧力差によって，ノズルから燃料が吸い出され，蒸発して混合気を作る．絞り弁は吸気量を変化させて，エンジンの出力を調節する．流入するガソリンは，フロートにより，燃料の液面が定位置になるように自動的に流入量を制御している．

内燃機関では燃料の燃焼状態が，その性能に重大な影響を与える．すなわち，

① 安定した運転ができる

② 機関の出力が大きい

③ 燃料の消費が少ない

④ 排気ガスの組成が清浄である

などの条件を満足するように，空燃比を定めて，機関の構造を工夫している．

ガソリン機関の燃料に求められる独特の性質として，アンチノック性がある．エンジンの内部では，火炎が点火源からなめらかに広がっていくの

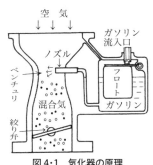

図4·1　気化器の原理

が理想である．しかし，その途中で未燃焼ガスがいっせいに自己点火し，シリンダ内圧力が急上昇することがある．この現象を**ノック**といい，火花点火機関で圧縮比を高めたときに起こりやすい．これを防止する重要な要素の一つが燃料の性質である．どの程度ノックが発生しにくいかを表す指標として**オクタン価**が用いられる．市販のレギュラーガソリンのオクタン価は90くらいで，LPGはそれよりも高い．

4·4　気体の熱エネルギー

気体は加熱されると膨張する．熱気球は，この現象を利用して浮上する．気体が容器の中に閉じ込められているときには，圧力が上昇する．このように気体の中に蓄えられたエネルギーは，これを機械エネルギーにかえることができるし，この逆の変換も可能である．変換が行われても，両エネルギーの和はかわらず，一定である．これを**熱力学の第一法則**という．

熱は高温の物体から低温の物体に移るが，低温の所から高温の所に，自然に移動することはない．これを**熱力学の第二法則**という．

図4·2のように，横軸に体積，縦軸には力をとって，気体の状態を表したものを

p-v 線図という．外部と物質のやりとりなしに，1の
状態から曲線に沿って2の状態へ移るとき，気体は斜
線をほどこした面積に相当する仕事をする．曲線の形
や傾斜は，そのときの変化の条件によって異なる．気
体と外部との熱の出入りのない断熱変化，圧力一定で
加熱・冷却する定圧変化，同じく体積一定の定容変

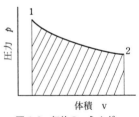

図4・2　気体のエネルギー

化，温度一定の定温変化，さらにこれらが混合した中間の条件が考えられる．

　一定の気体が，ある状態から一連の変化を経て最初の状態にもどることをサイク
ルという．その一例を図4・3の p-v 線図に示す．図4・3において，①→②は温度
T_1 での定温受熱膨脹し，このとき気体は熱量 Q_1 を吸収する．②→③は断熱膨張し，
③－④では温度 T_2 での定温放熱圧縮で，熱量 Q_2 が放出される．ただし $[T_1 > T_2]$
とする．

　このサイクルでは，Q_1 の一部 W が機械的仕事にかわる．熱力学の第一法則から $[W = Q_1 - Q_2]$ である．Q_2 は温度 T_2 の熱源として，むだに捨てられることになる．
したがって，このサイクルの熱効率は，

$$\eta = \frac{W}{Q_1} = \frac{Q_1 - Q_2}{Q_1} = 1 - \frac{Q_2}{Q_1} = 1 - \frac{T_2}{T_1}$$

となる．

　熱力学の第二法則から，高温 T_1
の熱源と低温 T_2 の熱源との間のサ
イクルでは，その温度差が大きいほ
ど熱効率は良くなるが，1をこえな
いことが知られている．

　熱機関は気体のサイクルを利用し
て，熱エネルギーを機械的仕事にか
える．これが動作するために高温熱

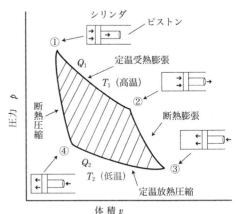

図4・3　気体のサイクル

源と低温熱源が必要で，前者は燃料の燃焼によって熱を供給し，後者は環境の中に
熱を捨てる．また，気体のサイクルはエアコンや冷蔵庫など，物を冷却する場合に
も利用される．

4·5　流体のエネルギー

　水のような非圧縮性の流体が図 4·4 のような管を通路とし
て流れているとする．第一に，斜線をほどこしたような断面
をどこにとったとしても，これを通過する流量は一定であ
る．管の細い所ほど流れが速く，太い所は遅い．第二に，管
の壁を通してエネルギーの出入りがなければ，どこの断面で
もエネルギーは一定である．エネルギーとしては位置のエネ
ルギー，圧力のエネルギー，流速による運動のエネルギーを
考えれば十分である．

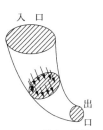

図4·4　流れの管路

　ダムに蓄えた水で水車を回すときは，高い水面にある位置
のエネルギーが，ダム下の水力発電所の発電機を回す水車の
ノズルで運動エネルギーとなって，水が高速で噴出する．管
が太く流速の小さい所の圧力エネルギーは，管が細く流速の
大きい所に比べ，運動エネルギーは増すが，圧力は下がる．

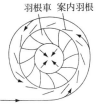

図4·5　水車の原理

空気のように圧縮性の気体に対しても，この考えはあてはまる．前述したベンチュ
リのように通路が細くくびれていると，空気がここを通過するとき圧力が下がる．

　図 4·4 において流体が管路をいっぱいにして流れると，管を通してエネルギーが
流入する．この現象を利用して，水車は流体の運動および圧力のエネルギーを，羽
根車を回転させる機械的エネルギーにかえて，その軸から取り出す．図 4·5 におい
て，案内羽根が固定されている．水はこの間を通って羽根車に，その接線に近い方
向に外周から流れ込む．内周からは，水が中心軸に向かって流れ出る．この間に，
回転する羽根車の羽によって，水の運動および圧力のエネルギーが羽根車の回転運
動のエネルギーに変換される．この図では回転軸に垂直の面内で水が流れるが，軸
に平行に流れるものもある．

　ポンプは水車とは逆の仕組みで，機械エネルギーを用いて，流体に運動および圧
力のエネルギーを与える．水の流れの向きが逆になるほかは，その構造も動作原理
も水車とほとんど同じである．また，ポンプは水の代わりに空気を送る目的で，掃
除機や，暖房器のファンとして用いられる．扇風機もこの形式に分類される．

5章　家庭用燃焼器具

5・1　気体燃料・液体燃料と燃焼器具

　暖房や調理など，家庭で熱源として主に使用されるのは，電力を別とすれば，都市ガスやLPガスに代表される気体燃料と灯油を中心とする液体燃料である．

　家庭で使われている都市ガスには，メタンを主成分とする**液化天然ガス**（LNG）が用いられ，そのほとんどを輸入に頼っている．天然ガスは，マイナス162℃まで冷すと液体になり，体積が600分の1と小さくなるため，液化して運搬される．その種類はさまざまで，6Cや13Aなど数字とローマ字の組み合わせで表現される．数字は発熱量と比重から決まる値であり，ローマ字は燃焼速度（A：遅い，B：中間，C：速い）を表す．例えば，広く使われている13Aは天然ガスを主原料とし，総発熱量が41.9 MJ/m³，燃焼速度指数は0.39 m/sec，空気を1とした比重は0.657である．こうしたガスの種類によって，混合空気量やノズルの形状が異なるので，それぞれに対応したガス器具を使用する必要がある．都市ガスは，高圧ガスを途中で減圧してから，各家庭にガス配管を通して送られている．

　LPガスはプロパン・ブタンを主成分にもつ**液化石油ガス**で，こちらも大半を海外からの輸入に頼っている．LPGあるいはプロパンなどとも呼ばれ，常温常圧で空気に対する重さが1.5〜2の気体であるが，わずかの加圧で液化する．液体になると，体積は気体の時の約250分の1になるので，家庭に運搬する時には，液体にしてボンベに充填して運んでいる．ボンベのなかでは比重が0.5〜0.6くらいの液体になっている．液化プロパンの沸点は-42℃で，室温の状態ではあっという間に気化する．

　LPガスが漏れた時は，床面をはうように広がり，低い場所にたまる性質がある．

一方，都市ガスは，空気より軽く，漏れた場合は天井の方へたまっていく性質がある．都市ガスやLPガスには，本来においがないが，ガスが漏れた時にすぐに気づくように，ガス特有のにおいがついている．このにおいの成分は，ガスが燃焼すると無臭になるので，これらのガスが正しく使われている限りは臭うことはない．

　LPガスは都市ガスよりも発熱量が大きく，専用のガス器具を使用しなければならない．発熱量で見ると，重量1kg当たりではプロパンは50MJ（12,000kcal）の発熱量があり，都市ガスは46MJ（11,000kcal）の熱量がある．

　これらのガスと空気が混ざり，空気中の濃度がプロパンの場合は2.2%〜9.5%，都市ガス(13A)の場合は4.6%〜14.6%の範囲で燃えたり爆発したりする．したがって，ガスが漏れた場合，少量でも爆発の危険性があので，ガス警報器を設置して微量のガス漏れでも検知できるようにするなど，十分注意が必要である．また，家庭でのガスコンロ使用中に天ぷら油火災に至った例も多く，調理油過熱防止装置が搭載されている機種もある．

　ガスは家庭以外にもアウトドア用携帯コンロ，スプレー缶，タクシーの燃料にも使われている．

　気体燃料を熱源とする燃焼器具としては，図5・1に示すような**ブンゼンバーナ**が主に用いられる．バーナのノズルから噴出するガスの量は，ニードルによって調整される．ガスが流れるとノズルのまわりの圧力が低下し，空気が一次空気口から吸い込まれる．このときの流入量は，理論空燃比の60〜80%が適当であって，これはダンパの開きによって調節される．

　混合管を流れる間に一次空気と混合したガスは，バーナヘッドの炎口から噴出し，大気中の二次空気と混じり合って燃焼する．ガスが安定した燃焼を行うためには，炎口からの流出速度とガスの大気中での燃焼速度が，炎口の所でつり合っていることが必要である．ガスの種類によって比重，発熱量，圧力および理論空燃比などは異なるため，使用するガスによりバーナの寸法や形状は異なる．

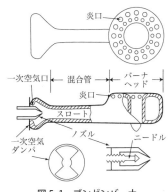

図5・1　ブンゼンバーナ

ブンゼンバーナは，グリル付きのガスコンロなどに広く使われているが，これには点火のための自動装置が取り付けられている．電池ヒータ式の場合，ニクロム線を赤熱して口火のバーナを点火し，この火を主バーナに移す．圧電式の場合は，ばねによって圧電素子をたたき，電極に火花放電を起こさせてガスに点火する．

灯油を燃焼させるのによく用いられるのは**灯芯式**である．これはタンクの燃料を灯芯で吸い上げて，その先端で気化・燃焼させる方法である．火力の調整は，灯芯を上下させて行うものが多い．その構造の一例を図5·2に示す．灯芯先端の内側，やや下に細孔が開いたスプレッダと呼ばれる椀状金具があり，一次空気を供給する．これと混合した燃料蒸気が，二次空気と混じり合って燃焼する．

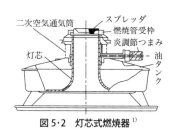

図5·2 灯芯式燃焼器[1]

5·2 ガス湯沸し器

ガス瞬間湯沸かし器は，必要な時に必要なだけの水を加熱することができ，約30〜70℃の湯が得られる．熱効率がよく，食器洗い，手洗い，洗濯などに広く利用されている．

図5·3において水栓を開くと，水圧によってダイヤフラムが押されてガス弁が開き，主バーナから流れ出るガスが，口火によって点火される．水栓を閉じると，ダイヤフラムに加わっていた水の圧力はなくなるから，ガス弁はばねの力で元に戻り，ガスの通路が閉ざされて消火される．ガス瞬間湯沸かし器には，このほかに，水とガスを同時に開閉する関連コック式や，湯の出口で開閉する先止め式がある．

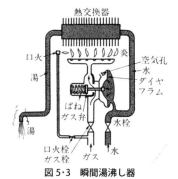

図5·3 瞬間湯沸し器

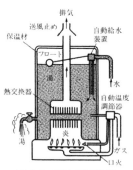

図5·4 貯湯式湯沸し器

図5·4の**貯湯式ガス湯沸かし器**では，高温の湯を蓄えておいて，これを一時に多量に使うことができる．水は熱交換機によって加熱され，自動温度調節器によって40〜90℃に保たれる．すなわち，温度が十分に上昇すると，主バーナのガスが止まって消火し，湯温が下がると再びガスが出て，口火によって点火される．

5·3　ガス暖房器

家庭で使用されるガス暖房器は，室内の空気を燃焼に使い，室内に排気する**開放式**と，屋外の空気を取り入れて燃焼に使い，室内に排気する**密閉式**に大別される．

ファンヒータは開放式暖房器の代表的な例である．これは，温度の高い燃焼ガスをファンで強制的に対流させる．そのため，室内の温度が均一になり，熱の利用効率がよい．また，設置に伴う特別の工事が不要な点が，大きな特長である．しかし，このような開放式暖房器は室内空気を汚染するので，換気には十分に注意する必要がある．

密閉式暖房器として家庭に普及しているのは，**FF式ストーブ**である（図5·5）．これは，外気に接する壁を貫通して屋外に出る給排気筒を設け，燃焼用ファンを用いて強制的に燃焼用空気の吸入と燃焼ガスの排出を行う．一方，対流用のファンで室内空気を吸い込み，熱交換器内の高温の燃焼ガスによって加熱して，温風吹出し口から室内に放出する．このように，燃焼ガスは室内空気と隔絶されているから，長時間連続使用しても，室内空気を汚染する心配がない．

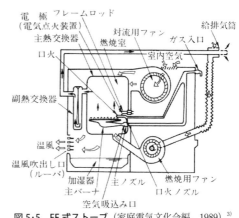

図5·5　FF式ストーブ（家庭電気文化会編，1989）[3]

5·4　ガス器具の安全と効率化

家庭用の暖房器具には安全性の向上，操作の簡単化などを目的とした，さまざま

な自動装置が組み込まれている．さき
に説明した自動点火装置も，その一つ
であるが，ここでは，火炎の燃焼状態
を監視する**フレームロッド式安全装置**
の原理を解説する（図5·6）．バーナ
に炎が形成されているときには，炎の
中のイオンによって，ロッドとバーナ
の間に微小電流が流れる．これを測定

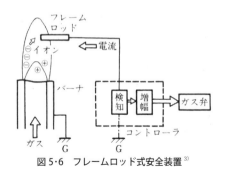

図5·6　フレームロッド式安全装置[3]

していれば，設定時間内に点火しなかったり，使用中に立消えしたりしたことがわ
かる．また室内空気中の酸素が欠乏したり，フィルタが詰まったりして不完全燃焼
を起こすと，炎の形が変化して電流が減少する．このような事態が発生するとコン
トローラが動作して，燃料の供給を停止する．

　このほかに過熱防止装置，転倒消火装置なども一般的に使用されている．2008
年以降に製造された小型瞬間湯沸器には，不完全燃焼防止装置が3回連続作動する
と点火できなくなる再使用禁止（インターロック）機能がついている．その場合に
は，販売店に点検を依頼する．

　現在使われているブンゼンバーナは1850年にブンゼンが考案したもので，今以
上の効率向上や窒素酸化物の低減は困難である．このため新しい構造のバーナの開
発が進められている．

　普及段階にある新技術としては，鍋
への加熱ムラや炎の外逃げが少なく熱
効率のよいガスコンロ用バーナが登場
している．また，給湯器では排気ガス
の熱を回収する**潜熱回収型給湯器**が発
売され，今までの給湯器と比較して
10～15％も熱効率が向上している．
今後も環境にやさしく経済的な機器の
開発が期待される．

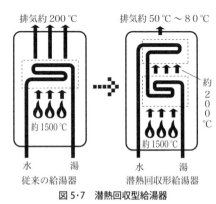

図5·7　潜熱回収型給湯器
〔一般社団法人　日本ガス協会〕

6章　家庭用ミシン

6・1　ミシンの構成と主要部の構造

　ミシンは一見したところ非常に複雑で，難しそうな印象を与える機械である．しかし各構成部分を相互運動に分解して調べてみると，基礎的ないくつかの機構の組み合わせであり，その働きは容易に理解できる．家庭用ミシンの縫い合わせのしくみをみると，まず上糸が針とともに布地をつらぬいて布下に出る．次に下糸が上糸を布下にとらえ，針が布上に戻ったときに糸だけが残っているようにして布地を縫い合わせる．そのため図6・1のように，上糸の輪に，ボビンから出た下糸を上糸にからませるしくみで縫い合わせている．

　現在，普通の家庭用ミシンは小形交流モータを動力源としている．モータはミシン頭部右上のはずみ車に連結されていて，それが上軸を回転させミシン各部を駆動する機構になっている．糸巻装置は，摩擦車によってはずみ車から駆動され，ボビンに下糸を巻くときに使用される．

　布を送る機構は本体左下にあり，送り金は，その上部のギザギザに布を引っ掛けて1針分送る．次に布に触れない高さに降下して元の位置まで戻る．この駆動は，図6・3のように，送りカムとクランクの挙動がそれぞれ二またロッド，クランクロッドを介して，布を前後に送り，送り金を上下させることでなされるが，これと連動して上軸の回転が針と糸送りする天びんにも上下動を与えている．天びんは，上糸を繰り出したり引き締めたりする機能を果たしている．

　下糸はボビンに巻かれてボビンケースに入って，中が

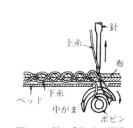

図6・1　縫い合わせの原理

まによって保持されている．最近は，ボビンを水平に上から落とし込むように収納する水平かまといわれるタイプが普及している．これは下糸のセットやボビンの取出しが容易で，糸の残量が一目でわかるなどの特長がある．中がまは，大がまのなかをすべりながら回転運動をする．この運動は右上にある上軸のクランクから伝えられる．

　ミシン内部の構成の一例を図6・2に，図6・3にミシンの運動伝達の流れを示した．

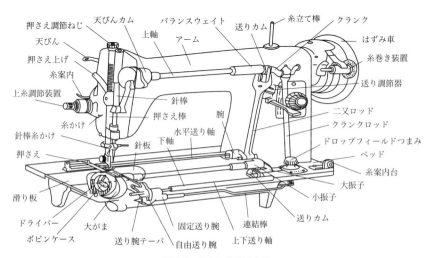

図6・2　ミシン各部の名称

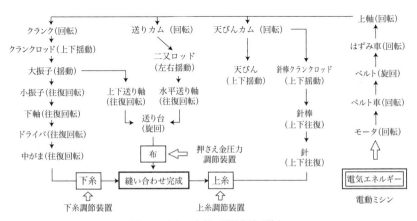

図6・3　ミシン各部の運動伝達の流れ

6・2　縫合せの原理

　ミシンの主な部分の運動を図6・4に示す．針が上死点にあるときを0°として，横軸にはずみ車の回転角をとる．縦軸は針穴，天びんの糸穴，中がまのかぎ先，および送り金の中心のそれぞれの変位を表わしている．この図をもとに，ミシンの縫い合わせ運動を説明したものが図6・5である．

　(1) 針が下がって上糸を布地に通す．上糸を伴った針は，①～③と下がって布を貫き，④で布地下に出て，⑤で一時停止する．この際，針先に上糸の輪ができる．またこのとき布下では，中がまが図のように左回転していく．

　(2) 中がまが反転していまできた糸輪に下糸をくぐらせる．針が⑥～⑧と再び布の上に出るとき反転してきた中がまが，⑤～⑥でその先端に糸輪を引っ掛け，さらに⑦にと回転する．

⑧，⑨で糸輪が中がまの真下を通り越したとき，上糸はドライバと中がまの間にあるうちに，ドライバとボビンの間を通って，上糸と下糸とを交差させる．

　(3) 交差した上糸を天びんが引上げ，糸の交差を引き締める．

　(4) 針が上昇している間に，布は送り金によって持ち上げられ，1縫い目分だけ前進させる．中がまが逆に回転して，元の位置に戻る．

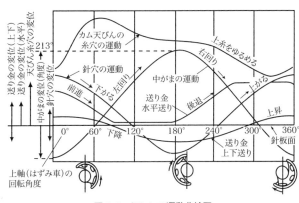

図6・4　ミシンの運動曲線図

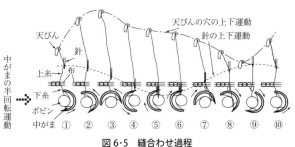

図6・5　縫合わせ過程

（a）　正しい縫い目　　　　（b）　上糸の調子が強すぎる　　（c）　上糸の調子がゆるすぎる

図6·6　糸の調子

　ミシンの縫合わせでは，図6·6（a）のように，布の中間で上下の糸が交差していることが必要である．このように仕上げるには糸の張力が重要である．これを糸の調子，あるいは糸の強さという．上糸の張力は，糸調子ざらのナットによって調節する．ボビンケースには糸調子ばねがあり，これを押さえるねじを回して，下糸の張力を調整して正しい縫い目を常に保つ必要がある．

6·3　ジグザグミシン，電子ミシン，コンピュータミシン

　ジグザグの縫い目を作るには，布送りをジグザグにする方法や，針を布送り方向と直角に振る方法がある．縫い目の基準になる直線から，右に張り出して縫う左基線，左に張り出す右基線および左右に振り分ける中央基線方式に分けられる．

　この針基線のとり方と基線方向の布の送り量および基線図と直角方向のジグザグの振り幅がジグザグ縫いの基本的な条件である．ジグザグミシンではこれらを定める機構が，針基線変換装置，送り変換装置および振り幅変換装置として組み込まれ，いろいろな形状の縫い目を作ることができる．

　コンピュータミシンがボタン一つで操作できるのに対し，電子ミシンは，針の上下運動は電子回路で制御されているが，糸調子や縫い目の調節，模様選択などの設定は，それぞれダイヤルを手で回して行う．ダイヤルを回して，縫い目模様の切りかえもできる．

　コンピュータミシンは，コンピュータを内蔵していて，針の上下運動をはじめ糸調子や縫い目の調整などすべてをコンピュータ制御できる．ボタンを押すだけで，文字や複雑な模様などの刺しゅうができるのも特長である．

図6·7　コンピュータミシン
〔株式会社　ハッピージャパン〕

7章 自動車と電動アシスト自転車

　家庭で使われる自動車には，トラックやオフロード車，キャンピングカーなどの特装車もあるが，自家用車の大部分は軽自動車や普通車である．そのほとんどはガソリン燃料の内燃機関を原動機としているが，最近では燃費のよいハイブリット車も普及している．2014年末には，二酸化炭素を排出しない，わが国初の燃料電池車も発売された．また，街中では環境に優しい自転車も見直されつつある．上り坂でも楽に漕ぐことのできる電動アシスト自転車の仕組みについても取り上げた．

7·1 　普通自動車

　自動車の駆動機構には大きく分けて，FF，FR，MR，RRなどがある．一文字目はエンジンの置き場所を表し，二文字目は駆動輪の位置を表す．FはFront（前），MはMiddle（真ん中），RはRear（後ろ）を意味する．したがって，FFはエンジンと駆動輪の両方が前方に配置されている構造で，前輪駆動車という．FRは前にエンジンがあって後ろのタイヤを回す構造で，後輪駆動車である．MRは真ん中にエンジンがあって後ろのタイヤが回る．MRは後部座席のない2人乗りの車が一般的である．RRは後ろにエンジンがあって，後ろのタイヤが回る構造である．

　現在世界的に見ると，ほとんどの乗用車は前にエンジンがあり，FFかFRの構造をしている．FF車とFR車には，それぞれメリットとデメリットがあり，自動車の用途により使い分けられている．

　前輪駆動車（FF）は，前輪が駆動するので，車が前から引っ張られる状態で走り，その前輪をハンドル操作によって左右に曲げて方向を変える．FF車のメリットとして，エンジンが基本的に横置きでボンネットを短くすることができるので，その分室内を前後に長く取ることで広い車内を確保できる．また，エンジンとタイ

ヤをつなぐ複雑な機構が不要なので，部品が少なく低コストのクルマを生産できる．その一方，デメリットとしては，前輪が駆動輪と操舵輪をかねているので，エンジンの振動がハンドルに伝わりやすく，かつカーブを曲がる際，駆動輪には遠心力がかかるので，曲がろうとするときに少し曲がりにくくなることがあげられる．もっとも，一般道路や高速道路での基準速度の走行ではその影響は感じられない．

　FR車の利点は，操縦装置と駆動装置が前後に分かれているため，車自体のウエイトのバランスがとりやすいことである．一番バランスがいいのはMR車で，F1やスポーツカーに用いられている．しかし雪道や舗装していない道路ではやはりFF車が有利である．

　このほか，前後左右の車輪を動輪とする4輪駆動車（4WD）というオールマイティな機能を備えた車もあるが，ここでは，FR車（エンジン前置き，後輪駆動式）を例に説明する．

1.　動力伝達系の構成

　図7·1に四輪自動車の主要構造を示した．図中の左方にエンジンがあり，そのおもな部品は，シリンダ，タイミングベルト，吸気管，排気管，空気フィルタ，気化器，ファン，オルタネータ，ファンベルトなどである．エンジンの近くにラジエータ，蓄電池などが，また床下に前から後ろにかけて排気管，排気の有害成分を除去する触媒変換器，燃料タンクが配置されている．

　車体の中央下部に推進軸が通り，動力を後輪に送る．クランク軸から取り出されたエンジンの動力は，クラッチまたはトルクコンバータ，変速機，自動継手を通って，推進軸に伝達される．シフトレバーは変速機内部の歯車の組合わせを切り換え

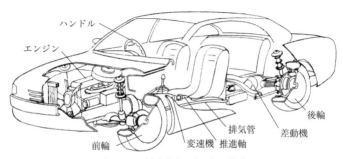

図7·1　四輪自動車の主要部の構造

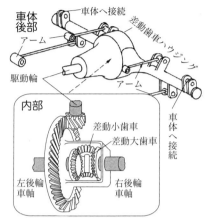

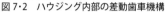

図 7·2　ハウジング内部の差動歯車機構

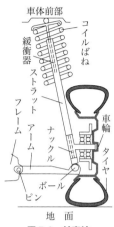

図 7·3　前車輪

て，駆動車軸の回転速度を変えている．

　車体後部には差動歯車ハウジングがあり，図 7·2 に示すように，推進軸の回転の軸を直角に曲げる傘歯車と，これによって回転される差動歯車が入っている．後輪を回転させる軸の端がこれに結合され，動力を車輪に伝達している．

2．走行系の構成

　図 7·2 の差動歯車ハウジングは，二対のアームと横に向いた棒によって車体と結合され，上下に動くことができる．また，左右一対のコイルばねは，車体後部より車体の重量を支える構造になっている．

　前輪は左右がそれぞれ独立して上下する形式であるが，ナックルには軸受を介して車輪が取り付けられている．これはストラットの軸を中心に回転し，かじ取りを行う（図 7·3）．ストラットの下端はアームを通して，車体のフレームから支えられ，上端は車体前部に接続されている．アームの両端はボール状の支点とピンを連結点として回転し，緩衝器は伸縮することができるから，ここに四節リンクが形成され，車輪は上下に動くことができる．コイルばねが車体の重量を支え，また車輪から受ける振動や衝撃を吸収する．このほか前車軸を支持する部品として，スタビライザやストラットバーが使われている．

3．エンジンの構造

　自動車の原動機としては，ディーゼル機関，ロータリエンジン，あるいは LPG

を燃料にするものなどもあるが，自家用車には4サイ
クルのガソリン機関が最も一般的である．この形式の
エンジンは，気化器でつくった燃料と空気の混合気を
クランク軸1回転で吸入圧縮し，これを電気火花によ
り着火，次の1回転の間に断熱膨脹させて外部に排出
する．図7・4はその一例で，シリンダの中心でエンジ
ンを切断し，正面からみた図である．

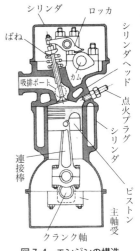

図7・4　エンジンの構造

　シリンダの内面は円筒形で，そのなかをピストンが
往復運動をする．これはクランク軸，連接棒を合わせ
て，スライダクランク機能を形成し，主軸受を中心と
してクランク軸が回転するとピストンが上下運動を行
う．シリンダヘッドには左右の位置に吸入弁と排気弁
があって，吸入ポートあるいは排気ポートを開閉する．平常は弁ばねによって弁は
閉じられている．カム軸はクランク軸2回転の間に1回転し，カムがロッカの右側
を押し上げて適切な時期に弁をひらく．クランク軸からはタイミングベルトを用い
てカム軸を駆動するものが多い．回転をなめらかにするため，クランク軸にははず
み車が取り付けられている．

　図7・4の右側には，電気火花で混合気を発火させる点火プラグがある．電気回路
で高電圧を発生させ，これを各シリンダの点火プラグに供給する．

　家庭用乗用車には，4～8シリンダエンジンが多い．たいていはこれらを一列，
もしくはV字形に配列している．エンジンの過熱を防ぎ，燃料の燃焼に適した温度
を保つために，シリンダのまわりや燃焼室の上には冷却水が通る．これは水ポンプ
によってラジュータに送られ，ファンによって放熱が行なわれる．エンジンには，
このほかに燃料ポンプ，潤滑油ポンプが取り付けられている．

4．エンジンの動作

　エンジンは，ガソリンの蒸気と空気との混合気をシリンダ内部で燃焼させ，発
生する熱エネルギーを機械的エネルギーに変換する．図7・5のインジケータ線図
（インジケータはシリンダ内の圧力を計測する装置）でその過程を説明する．図
の縦軸はシリンダ内部の気体の圧力，横軸はピストン位置を示している．ピス

トンが2回上下すると，シリンダ内部の気体は曲線のループを矢印の向きにA→B→C→D→E→F→Aと一周する．この圧力を受けて，ピストンは曲線が囲む面積に相当するエネルギーを気体から受け取る．

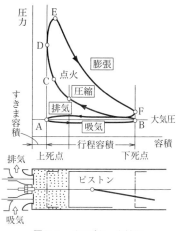

　同図においては，クランク軸の腕が上向きで，ピストンの上死点の位置はA点である．クランク軸が半回転してピストンが下がる間は，吸気弁が開いていて，混合気を吸い込み，B点に達すると弁は閉じる．次のクランク軸半回転の間は吸気弁も排気弁も閉じているので，シリンダ内部では断熱圧縮が行なわれて

図7・5　インジケータ線図

圧力が上昇し，ピストンがC点に達したとき点火プラグに電気火花が飛び，混合気が着火する．燃焼によってシリンダ内の温度が上がり圧力もC→D→E点まで上昇する．吸気弁も排気弁も閉じたまま，さらにクランク軸が半回転してF点にいたると，シリンダ内部の気体は断熱膨脹し，エネルギーがクランク軸から取り出される．F点からA点まで排気弁が開いて，燃焼した気体をシリンダから排出する．

　以上のようにしてエンジンは，はじめの状態にもどり，再び同じ仕事を始める．この一連の動作をサイクルと呼ぶ．4サイクルエンジンでは，クランク軸2回転で1サイクルが行われる．なお実際には，弁の開閉や火花点火の時期は，上述の説明どおりの位置ではなく，エンジンの特性に合わせて調整されている．

5．クラッチとトルクコンバータ

　マニュアル車では，エンジンと変速機の間にクラッチがある．これを用いて，変速機の歯車を切り換えるときに両者の間を切り離す．また停止している車を，そのすべりを利用してなめらかに発進させる．手動変速機と組み合わせて用いられるのは，図7・6（次ページ）に示す**乾式単板摩擦クラッチ**である．

　図中において，エンジンのクランク軸に取り付けられたフライホイールは，カバー，圧力板と一体になって回転する．フライホイールと圧力板の間にクラッチディスクがあり，通常は，ばねによってすべらないようにフライホイールと圧力板

に押し付けられている．クラッチディスクは
従動軸と結合されて回転するから，この状
態でエンジンの動力は完全に伝達される．ク
ラッチペダルを踏むと，フォークがレリーズ
ベアリングを介してレバーを動かし，圧力板
を引き離す．そこでクラッチディスクは自由
になり，クラッチは切断されて従動軸はフラ
イホィールから開放される．なおクラッチ
ディスクに表張りされている摩擦材料には，
ガラス繊維をプラスチックで固めたものなど
が用いられる．

　オートマ車として普及している自動変速の
車は，クラッチの代わりにトルクコンバータ
が用いられる．これは短い円筒状の部品で，
エンジンからの原動軸と変速機への従動軸の
間に配置されている．

　短い筒状のコンバータ内部はオイルで満た
されていて，そこには図 7·7 に示すようなオ
イルの流れを導く三つの羽根車が並んでい
る．エンジンからの動力はポンプ羽根車を回
転させオイルに流れを生みだし，従動軸に直
結するタービン羽根車を回転させる仕組みで
ある．このように，ポンプとタービンを一体
にした構造がトルクコンバータの基本原理で

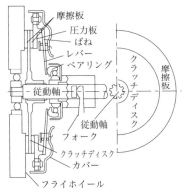

図 7·6　クラッチ

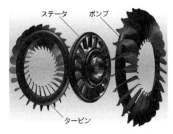

タービン，ステータ，ポンプ
〔株式会社　ユタカ技研〕

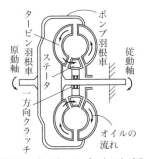

図 7·7　トルクコンバータのしくみ

ある．機械的運動→流体の運動→機械的運動と変換を行うことにより，回転速度の
異なる軸の間にエネルギーを能率よく伝達することができる．またトルクの急激な
変動や発進時のショックが吸収され，なめらかな運転が可能となる．

　ポンプ羽根車から出たオイルはタービン羽根車を通り，ステータという案内羽を
経てポンプ羽根車に戻る．このステータは，急加速の時などにはオイルの流れを

タービン羽根車に送り込み，トルクの伝達を増加させる働きをしている．自動車が
しだいに加速し，従動軸の回転速度が原動軸の回転に近付くと，一方向クラッチが
開放状態になり，ポンプ羽根車が自由に回転し安定した走行となる．こうして，ス
ムーズに広い速度範囲にわたって高い伝達効率を維持することができる．

6. 変速機

　自動車のエンジンの適切な回転速度は，毎分数百回転から数千回転の範囲にあ
る．一方，自動車の速度は，停止状態から高速走行までの広い範囲および，後進
も必要である．両者の要請を満たす機能を果たす変速機は，エンジンと駆動車輪の
間にあって原動軸と従動軸の速度比を何段かに切り換え，あるいは従動軸を逆転さ
せる働きをする歯車装置である．図7・8に手動変速機の原理を示す．

　普通の変速機は，発進および低速時にはエンジンからの回転を減速し，定常速度
になると原動軸と従動軸を直結する．原動軸はクラッチからの回転を受けて，エン
ジンのクランク軸と同じ速度で回転し，これに取り付けられた歯車ⓐを回転してい
る．この回転はⓐとかみ合う歯車ⓑ，さらに，これと一体になっている歯車ⓒに伝
えられる．

　従動軸は図の中央斜線部のようなスプライン軸断面をもち，これと同じ形の軸孔
をもった歯車ⓓは従動軸と同じ速度で回転する．さらに歯車ⓓはスプライン軸を案
内として左右にすべることができるから，この機能を利用して歯車のかみ合いを切
り換えることができる．

　この図の位置では，歯車ⓓはほかの歯車とかみ合っていないから，原動軸と従動
軸は切り離され，変速機は中立の状態
にある．歯車ⓓを右に動かして歯車ⓒ
とかみ合わせると，歯車列ⓐ→ⓑ→ⓒ
→ⓓが形成され，原動軸の回転はこれ
を伝わって従動軸に伝達される（低速
時）．

　次に変速レバーで歯車ⓓを左に動か
すと，歯車ⓐの右側の歯と歯車ⓓの内
歯ⓔが結合する．原動軸ⓕ→ⓐ→ⓓ→

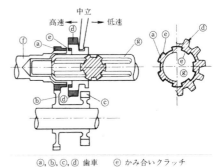

ⓐ,ⓑ,ⓒ,ⓓ 歯車　ⓔ かみ合いクラッチ
ⓕ 原動軸　　　　ⓖ 従動軸
図7・8　手動変速機の原理

従動軸ⓖと結合されて，原動軸と従動軸は直結して回転する（高速時）．後進時には，ⓒとⓓの中間に別の歯車を1枚入れて，回転方向を逆転させる仕組みになっている．

　実際の変速機では，歯車を常時かみ合わせておき，歯車と軸との間で，開放と接続を行うのが普通である．また接続に際して，両者の速度をあらかじめ等しくして，切換えを円滑にする機構を備えたものが多い．

　自動変速式の車には，遊星歯車機構も用いられる．図7·9において，二つの太陽歯車ⓓとⓔ，この中間にあって両者とかみ合う遊星歯車ⓒ，およびⓒ軸を支えるキャリヤⓐがある．ⓓとⓔとⓐはすべてⓑを中心に回転する．ここでⓓとⓔとⓐの3要素のうちの一つを固定し，残りの二つを原動軸と従動軸にして，回転を伝える．すなわち，

・ⓐを固定，ⓔからⓓまたはその逆．
・ⓔを固定，ⓐからⓓまたはその逆．
・ⓓを固定，ⓔからⓐまたはその逆．

そのほかに，いずれか二つの要素を相互に固定して原動軸と従動軸を直結する，また，いずれか1要素を自由にして，原動軸と従動軸を切離す，などが原理的に可能である．クラッチおよびブレーキを遊星歯車機構と組み合わせてこうした切換えを行なえば，従動軸の速度をかえることができる．原動軸と従動軸に取り付けた油圧ポンプの圧力はそれぞれの軸の回転速度によって変化する．この圧力でクラッチとブレーキを操作し，自動的に変速を行うのである．

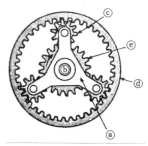

ⓐ キャリヤ
ⓑ 原動軸，従動軸
ⓒ 遊星歯車
ⓓ,ⓔ 太陽歯車
図7·9　遊星歯車機構

7·2　電気自動車とハイブリッドカー

　産業革命以降，世界のエネルギー消費および，温暖化の原因である CO_2 排出量は増加しつづけており，気候変動と，それによる人類の生活環境や生態系への深刻な影響が懸念されている．特に，ガソリン車やディーゼル車の増加は，大気汚染や騒音などの社会問題の原因にもなっている．そこで，大気汚染の原因となる有害な

排出ガスを走行時にまったく出さない電気自動車や，エンジンとモータや発電機の機能を組み合わせて活用することで排気ガスの低減や燃費の向上をはかったハイブリットカーなど地球環境に優しい車の開発が進められている．

1. 電気自動車

家庭のコンセントからも充電できる電気自動車がすでに開発されており，一日走った後，駐車場に戻り，夜の間に翌日分を充電するといった使い方が可能である．2015年現在，一回のフル充電で走行可能な距離はおよそ 80 km 〜 160 km 程度である．走

図7・10 電気自動車〔日産自動車株式会社〕

行距離を伸ばすには，蓄電池のいっそうの改良が期待される．

図7・10の日産リーフの場合，深夜電力を使えば，満タン充電で費用は300円程度である．また，電力供給に余裕がある夜間に充電を行い，電力需要が高まる昼間に，貯めた電力を実際の走行だけでなく，車庫の自家用車から家事用の電力として活用することもできる．

2. ハイブリット車

エンジンとモータにはそれぞれ強みと弱みがある．ここでは双方の長所を活かすことができるようトヨタが開発した，"シリーズ・パラレル・ハイブリッドシステム"車を例に解説する．

① **発進時** 発進時は，エンジンは停止したまま，バッテリーの電力を使ってモータの力で動き出す．一般にエンジンは，低回転域で大きなトルクを出すことができないので，低回転域から大きなトルクが出せるモータで発進すると効率がよい．

② **低速走行時** 低速域での走行時には，エネルギー効率に優れたモータで走行する．低速域はエンジンの効率がよくない領域なので，バッテリーの電力を使って，低速域の効率に優れているモータの力で走る．ただし，バッテリーの充電量が少ない場合には，エンジンの動力で発電し，モータを動かす仕組みである．

③ **通常走行時** 通常走行時は，エンジンを主動力とした低燃費走行をする．エンジンの効率がよい速度域では，主にエンジンの動力を使って走り，走行状況に応じて発電機に分配される．発電機で発電された電力はモータを動かし，エンジンの

駆動力を補助する．エンジンとモータ
の二つの駆動系を使うことで，エンジ
ンで発生したエネルギーを無駄なく走
行に活かしている．ただし，バッテ
リー充電量が少ない場合には，エンジ
ン出力を上げて発電量を増やし，バッ
テリーに充電する．

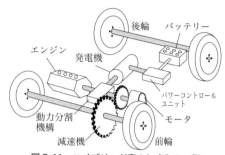

図7·11　ハイブリッド車のしくみの一例

④　**通常走行時の余剰エネルギー**

通常走行時の余剰エネルギーは，バッテリーに蓄積する．エンジンは，効率優先で
運転しているため，エンジンで発生するパワーが余る場合があり，この時は発電機
で電気に変換して，バッテリーに蓄える．

⑤　**加速時**　急な上り坂や追い越し時のように，強い加速力が必要な場合は，
バッテリーからも電力を供給してモータ出力を増幅し，エンジンとモータの二つの
パワーを使い，滑らかな加速ができる．

⑥　**減速時**　ブレーキを踏んだりアクセルを緩めた時には，車輪の回転力でモー
タを回し発電機として使い，熱として捨てられる減速のエネルギーを電気エネル
ギーに変換して，バッテリーに充電する．

⑦　**停車時**　車を停めた時には，エンジン・モータ・発電機を自動的に停止し，
アイドリングによる無駄なエネルギーの消費はしない．

　このような仕組みで，エンジンパワーとモータパワーとの相乗効果を活用し，環
境性能とスムーズで力強い走りの両立を実現させている．

7·3　燃料電池車

　燃料電池車は，水素と酸素を化学反応させて電気をつくる“燃料電池”を搭載
し，燃料電池が生み出した電気を利用してモータで走行する自動車である．

　ガソリンに代わる燃料である水素は，環境にやさしく，さまざまな原料からつく
ることができるため，将来のエネルギー源として開発が期待されている．

　前述した電気自動車は蓄電池に貯められた電力を利用するが，燃料電池車は車載
タンクの水素を燃料電池に供給しながら，発電し走行する．2014年12月にトヨタ

自動車から，723.6万円と高価であるが，「MIRAI（ミライ）」という燃料電池車が販売された．ホンダや日産からも今後発売される予定である．

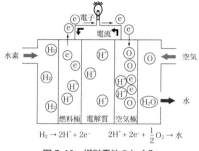

$$H_2 \rightarrow 2H^+ + 2e^- \qquad 2H^+ + 2e^- + \frac{1}{2}O_2 \rightarrow 水$$

図 7·12　燃料電池のしくみ

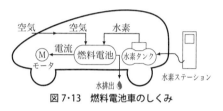

図 7·13　燃料電池車のしくみ

燃料電池自動車は，水素ステーションで燃料となる水素を補給する必要がある．走行時に発生するのは水蒸気だけで，大気汚染の原因となる二酸化炭素（CO_2）や窒素酸化物（NO_X）などの大気汚染物質はまったく排出されない．効率は，水素を直接燃料として使用しており，ガソリン自動車のエネルギー効率（15〜20%）と比較し2倍程度と非常に高い．

一般に，燃料電池自動車は，低出力域でも高効率を維持できる特長があり，将来的には燃料の水素は，太陽光やバイオマスなど，再生可能なエネルギーを利用して製造すれば，環境への負荷を軽減させることもできる．

充電に時間のかかる電気自動車に比べ，水素の燃料充填は短時間にでき，1回の充填による走行距離も電気自動車よりも長く，将来的にはガソリン車と同程度になるとされている．事故対策のため，高圧水素タンクは強固につくられ，水素漏れを素早く検知して防止する安全装置が開発され装備されている．

トヨタ自動車は，世界的な普及を目指し，燃料電池車に関する特許をすべて公開するとしている．

7·4　自動ブレーキシステム

自動車が，事前に障害物を感知して衝突に備える機能のことで，あくまでドライバーを補助する機能である．ミリ波レーダーや赤外線レーダー，さらにはCCDカメラを活用して前方を監視し，障害物やその画像を解析して，自動的にブレーキを動作させる仕組みである．ただし赤外線は太陽の直射光線に弱く，朝や夕方など機

能が低下し，雨天時の雨粒による誤認識もある．またカメラも細かい情報が得られる半面，夜間や悪天候時に性能が発揮できない場合がある．そのため，レーダーとカメラの両方を装備することで機能の強化を図っている．

渋滞時などは車間距離が狭くなるので，車載コンピュータが常時前方を警戒し，前方車両への接近や障害物を感知すると音声などで警告を発し，衝突が不可避とシステムが判断した時点で自動的にブレーキをかけて被害の軽減を図る．

自動ブレーキ機能はあくまで衝突時の被害軽減を目的としており，装置を過信して運転せず，常に事故の責任は運転者にあることに留意すべきである．

7・5　全自動自動車への期待

全自動自動車は，行き先を入力するだけで人間が運転するよりも安全に自動走行して目的地を目指す自動車で，2015 年現在その実用化研究が進められている．原理としては，自動車に搭載された制御システムに事前に走行するルートを記録させ，ＧＰＳ機能と道路認識制御システムを活用して目的地までの全自動走行を可能にするものである．大きな事故の原因である運転手の誤判断がないため，実現すれば，安全かつ人に優しい交通手段への大きな変革になると期待されている．

7・6　電動アシスト自転車

1.　電動アシスト自転車の基本的特徴

電動アシスト自転車は，ペダルを踏み込む力をセンサーが検出し，その力の強さに応じてドライブユニットの電動補助力が働き，軽い力で走行させることができる自転車である．交通法規上の軽車両である自転車は，あくまで人の力によって動くものであり，モータは"人の力を補う"ことを超えて機能してはならないという規定がある．そのため，「電動自転車」ではなく"電動アシスト自転車"と呼ばれる．

電動補助力の大きさは，ペダルを踏む力と走行速度に応じて変わる．0 〜 15 km/h 未満では，踏む力と電動補助力の比が 1：1 であるが，15 〜 24 km/h 未満では，走行速度が上がるほど電動補助力が徐々に減少し，24 km/h 以上になるとアシストは 0 になり，スピードの出し過ぎを防いでいる．

自転車は走り始めに特に力を込めてこがなければならないが，アシスト自転車は

踏み込みと同時にアシスト効果がはたらくので，スタート時の踏み込む力が小さく
てすみ，ふらつくことなく発進できる．また，センサーがわずかな踏み込み力の変
化を察知し，上り坂や積載時や加速するときなども安定した走行ができる．

2.　電動アシスト自転車のしくみ

　初期の機種では，バッテリーの電源が消耗した場合，人力だけでも走行はできる
が，普通の自転車に比べて 10 Kg くらい付属機器の重さが加わり，さらにペダルで
アシストモータを回すため “重い自転車” となり，走行が困難であった．

　現在は，車体の重量もやや軽減され，さらにペダルのトルクセンサーにも非接触
式のものが開発され，アシスト走行時以外でも普通の自転車に近いこぎ心地になっ
ている．おもな機構は，スピードを検知するスピードセンサー，コンピューターを
内蔵したコントローラー，さらに補助の動力を発生させるモータ，後輪にアシスト
力を送るアシストユニット，そしてシステム駆動用のバッテリーなどである．

　走行中は，トルクセンサーとスピードセンサーが，人のペダルを踏み込む力と走
行スピードを絶えず検出して，その情報を
コントローラーに伝える．コントローラー
は，内蔵されているコンピューターがセン
サーからの情報をもとに，走行状況に合っ
た最適なアシスト力を瞬時に計算する．そ
こで算出された補助力に応じた電流をモー
タに供給し，アシスト力を生み出す．そし
てドライブユニットを通じてアシスト力が
後輪に送られ，ペダルの負荷を軽減させて
いる．センサーによる検知からアシスト力
発生までの動作は瞬時に行われるため，ス
ムーズなこぎ心地を生み出せる．このよう
に，人の力と電気の力のバランスをとっ
て，瞬時に適切な補助力を発生させ，後輪
に伝えるのがドライブユニットの機能であ
る．モータの位置は機種によって違うが，

図 7·14　電動アシスト自転車

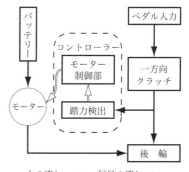

力の流れ　➡　　信号の流れ ⇨
図 7·15　電動アシスト自転車の機構

クランク軸直近にモータを配して，そこからチェーンに駆動力を伝える方式が多い．重量物であるモータやバッテリーなどを，車体中心付近に配置し，走行性能に影響を与えない配慮がなされている機種が多い．蓄電池には，耐久性に優れた高性能のリチウム イオン バッテリーが使われている．

8章　電気エネルギーの変換（基礎）

8·1　交流の発生とその性質

1.　電磁誘導と発電機

（1）　**電磁誘導**　図 8·1 (a) のように，導体が磁石によってつくられている磁界，すなわちその磁力線を切ったり，また同図（b）のようにスイッチを入れたり，あるいは切ったりしてコイルに流れている電流を変化させて磁力線を変化させると，コイルに電流が発生して検流計がふれる．このような現象を**電磁誘導作用**という．

電磁誘導は，1831 年にファラデー（*Faraday*; *1791–1867*）によって発見されたもので，なんらかの方法によって導体が磁力線を切るか，または導体と鎖交している磁力線を変化させれば，それに応じて導体には**誘導起電力（誘起電圧）**を生ずるものである[*1].

変圧器は，その一次コイルに交流電流を流して，交番する磁界をつくり，これに鎖交する二次コイルの巻き数をかえて，二次側に任意の誘起電圧を得るようにしたものである．このように二次コイルに誘起電圧を生ずるものを相互誘導ともいう．

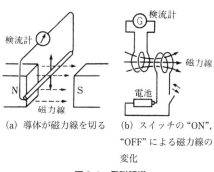

(a) 導体が磁力線を切る　　(b) スイッチの "ON"，"OFF" による磁力線の変化

図 8·1　電磁誘導

[*1] 誘起電圧 e は，コイルに流れる電流の変化する割合に比例する．いま，Δt 秒間に，電流が ΔI（アンペア）変化し，このために磁束が Δt だけ変化したとすれば，e はつぎのように示される．

$$|e| \propto \frac{\Delta\phi}{\Delta t}$$

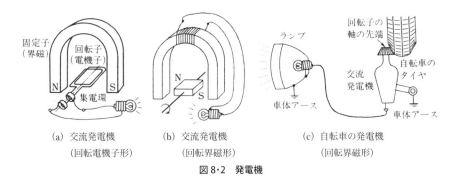

(a) 交流発電機　　　　(b) 交流発電機　　　　(c) 自転車の発電機
　　（回転電機子形）　　　　（回転界磁形）　　　　（回転界磁形）

図8・2　発電機

（**2**）　**発電機**　発電機は，図8・1 (a) の電磁誘導を応用したもので，図8・2 (a) のように固定子の磁極N・Sの間にある磁力線を回転子のコイルが切ることで，その導体に生じた起電力（誘起電圧）を取り出すしくみである．

　同図 (b) は，(a) とは逆に磁石N・Sを回転させて，固定したコイルに誘起電圧を発生させるもので，相対的には (a) と同じ働きをしている．同図 (a)，(b) とも図8・3のように，回転子が1回転するごとに1周期の正弦波の交流電圧が得られる．

　自転車の発電機は図8・2 (c) のように，回転子の軸に永久磁石が取り付けてあり，軸がタイヤとの接触で回転すると磁石も回転する．出力端子の一方は車体アースになっており，鉄製の車体が一方の導線の役割をはたしている．

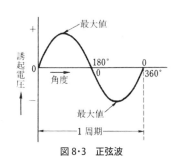

図8・3　正弦波

　図8・2 (a) において，固定子によってつくられる磁力線の向き，回転子の導体（コイル）を動かす向きと，これによって生じる誘導起電力の向きとの間には図8・4のような**フレミングの右手の法則**が適用される．また電磁誘導によって導体（コイル）に生じる電圧の大きさは，導体が磁界を切るときの速さに比例するので，発電機では回転子の回転を速くするほど発生する電圧は大きい．自転車のペダルを速く回転させると，発電機によるランプの光が明るくなるのはこのためである．

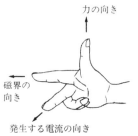

図8・4　フレミングの右手の法則

2．電磁誘導と変圧器

（1）　変圧器の歴史　ファラデーが電磁誘導の原理を明らかにしてから，相互誘導を利用して電圧をかえる方法は，多くの人によって考えられたが，変圧器の製造特許は，1882（明治15）年，フランスとイギリスでとられた．

　現在のような実用的な変圧器は，1886年，アメリカのウェスティングハウス社によってはじめて完成された．明治初年，わが国に入ってきた電灯も，はじめは直流による点灯であったが，電圧降下が大きくて実用にはならず，1889（明治22）年，変圧器を使って高い電圧の交流をつくり，これで点灯されるようになった．

（2）　変圧器と送電・配電　電力は，電圧と電流との積に比例するから，電線によって一定の電力を送る場合には，電圧を高くすればするほど，電流は小さくてよい．電流が小さくてすめば，これを送る送電線の太さは細くてもよいから，施設費が安くなる．このため発電所から出た電圧（6000Vくらいが多い）は，変圧器によってさらに高い電圧にして送電線で送られる．需要地にいたると，再び変圧器によって電圧を下げられ，最終的には，人畜に害のない100〜200Vの低電圧に下げられる．ここで，電圧を上げるための変圧器を**昇圧変圧器**，電圧を下げるための変圧器を**降圧変圧器**と呼んでいる．

　変圧器は，電磁誘導を利用して，電気エネルギーを一次回路から二次回路に伝え

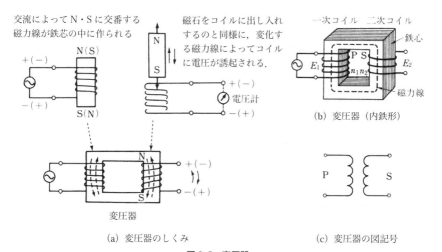

交流によってN・Sに交番する磁力線が鉄芯の中に作られる

磁石をコイルに出し入れするのと同様に，変化する磁力線によってコイルに電圧が誘起される．

（a）変圧器のしくみ

（b）変圧器（内鉄形）

（c）変圧器の図記号

図8・5　変圧器

るものであり，一次コイルと二次コイルの巻き数 n_1, n_2 をかえておけば，その巻き数比に応じて，交流の電圧や電流の大きさをかえることができる．

$$\text{巻き数比}=\frac{\text{一次巻き数}\,(n_1)}{\text{二次巻き数}\,(n_2)}=\frac{\text{一次電圧}\,(E_1)}{\text{二次電圧}\,(E_2)}=\frac{\text{二次電流}\,(I_2)}{\text{一次電流}\,(I_1)}$$

3．交流の実効値

われわれの家庭の電気は交流である．交流においては，電圧や電流の大きさと極性が図8·6（b）の i の変化のように，時時刻刻に変化しているので，どの瞬間の値をもって，電圧何ボルト，または電流何アンペアといってよいかわからない．

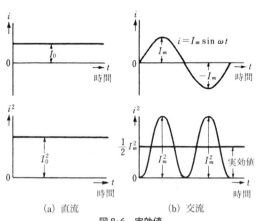

(a) 直流　　　(b) 交流

図8·6　実効値

そこで交流の場合は，直流と同じ効果を表すべき，ある平均的な値をもって，その大きさを表している．このときの平均的な値を**実効値**といい，われわれは日常，実効値で交流の大きさを示している．例えば，6A の交流といえば，ある瞬間には 6A よりも大きな電流が流れており，また，ある瞬間には電流が 0（零），つまりまったく流れていない瞬間もあり，また反対の方向に流れている瞬間もある．しかし，これを平均すると，直流の 6A を流したのと同じ効果をもたらすことができるという値である．したがって，例えば電熱器に交流電流 6A を流した場合も，直流の電流 6A を流した場合も，その発熱量は同じ大きさである．

いま，この実効値と，瞬間の値が最大になったときの値，すなわち最大値の大きさとを比較すると，実効値は最大値の $1/\sqrt{2}$ の大きさに等しい．例えば実効値が 100V の交流電圧の最大値は，約 141V である．

4．交流電力と力率

電流が単位時間中にする仕事の割合を**電力**といい，電力の単位は**ワット**〔W〕で表され，その大きさは，加えられた電圧と流れる電流の大きさとに比例する．図

8·7（a）のような直流回路では，ランプで消費される電力は次のとおりである.

　　電力＝電圧 × 電流〔W〕

　しかしこのような関係は，同図（b）のような交流回路で，しかも負荷が蛍光灯のような場合には適用できない.例えば，電源の電圧が 100V，蛍光灯が 15W であるとき，これに流れる電流は，ふつう 0.2〜0.3A という大きな電流が流れてしまい，0.15A にはならないのである.そこで，例えば電流が 0.3A であった場合に

　　15W = 100V×0.3A×0.5

のように，0.5 という係数（力率という）を掛けなければ，式の左辺と右辺は等しくならない.このような係数が必要とされるのはどのような理由からであろうか.交流の場合には，負荷が抵抗だけである場合と，抵抗のほかにコイルやコンデンサ（その抵抗を**リアクタンス**ともいう）を含んでいる場合とでは異なるからである.後者では交流電圧 e とそれによって流れる交流電流 i との間には，時間的なずれ（位相差）を生ずる.

　図 8·8 は，交流回路の負荷に流れている電流と，負荷に加わっている電圧との関係を示したものである.同図（a）は e と i の変化は時間的に一致しているが，同図（b）で

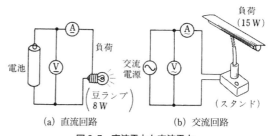

(a) 直流回路　　　　　　(b) 交流回路

図 8·7　直流電力と交流電力

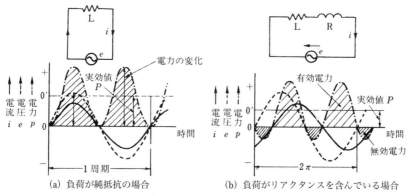

(a) 負荷が純抵抗の場合　　　　　(b) 負荷がリアクタンスを含んでいる場合

図 8·8　交流回路の電圧・電流・電力の関係

は時間的にずれがあり，位相差を生じている．同図（a）のように負荷の抵抗が純抵抗の場合は，電圧 e の瞬間瞬間の変化に対し，電流 i の変化には時間的なずれがない．したがって，e と i とを掛けて表される電力の大きさ p は，同図の斜線のように示され，その平均の大きさである電力の実効値 P は，図の細線 00′ の高さとして表される．

　同図（b）は，負荷がコイルやコンデンサを含む場合，すなわち抵抗のほかにリアクタンスを含む場合で，このときは，電圧と電流の瞬時値 e，i の変化には，図のような時間的なずれ（位相差）を生じる．このため，$e×i$ で示される電力の瞬時値 p の大きさには，負の値をもつ場合が出てくる．負の電力は，負荷にとって仕事にはならないから，これを**無効電力**と呼んでいる．これに対して，電力 p のなかで，正の値をもつものを**有効電力**といっている．また，有効電力と無効電力の絶対値との和で示される $e×i$ の全体を**皮相電力**とも呼んでいる．実際に仕事になる電力は有効電力であるから，これを交流電力といい，皮相電力（見かけの電力）のなかで，どれだけが有効電力になるかという割合を**力率**と呼んでいる．

　力率は 1 以下の値であるが，百分率で示される場合もある．表8・1 は，百分率〔％〕で表した力率のおよその値を示した例であり，図8・8（a）のように負荷が純抵抗の場合の力率は，1 すなわち 100 ％ である．

表8・1　力率の概数〔％〕

種　類	力　率
白熱電球	100
電気器具（電気コンロ，アイロン，電気こたつなど）	100
誘導電動機	60 〜 80
整流子電動機	50 〜 80
蛍光灯	60 〜 70
高力率蛍光灯	95
水銀灯	50 〜 60
扇風機	40 〜 55
電気洗濯機	85 〜 100
電気冷蔵庫	50 〜 60

　力率の改善　工場やビルのように，電動機や蛍光灯（蛍光灯では，安定器がリアクタンスをもつ）が多くなると，一般に電流は，電圧に対して位相が遅れ，回路全体の力率は悪くなる．あまり力率が低下すると，電線に余計な電流が流れ，変圧器などに悪い影響を与えるので，力率を向上させるために，コイルと反対の性質をもつコンデンサを回路につなぐ方策がとられている．これは力率改善のための進相用コンデンサと呼ばれ，変電所や工場に設置されるほか，洗濯機などの電動機にも取り付けられている．

8·2　電気による力の発生（電動機）

　電動機は電力を受けて動力を発生するエネルギー変換の機械であり，発電機と逆の作用をしている．電動機では，電流と磁界の相互作用によって導体に働く力の作用する向きがフレミングの左手の法則によっており，発電機が右手の法則によっているのと対照的である．

　電動機は，テープレコーダなどに使われている 0.1 W 程度の小さいものから工場で使われている出力数万 kW の大きなものまで，家庭内から電車，工場など大小さまざまで，その用途によって種類も多い．わが国で発電される電力の約 60 % は電動機によって消費されているともいわれている．

1.　電動機の種類

　家庭で使われている電動機には，大別して，電池で回転する ① 直流電動機，これと同じ原理で交流にも使われるようにした ② 交流整流子電動機のほか，③ 交流専用に使用される誘導電動機や同期電動機，④ プリンタやコンピュータに使われているステッピングモータ（パルスによって回転するのでパルスモータともいう）などがある．

　誘導電動機は，最も広く使われている強力で丈夫なモータであるが，これと原理的にはよく似ている同期電動機とともに，両方とも大きな欠点として，回転速度を自由にかえられないという性質がある．しかし，現在では後述するように，インバータなどの技術が進んで，交流電源の周波数をインバータでかえるようにし，周波数の変化によって誘導電動機や同期電動機の速度をかえられるようにしたものが多くなった．インバータ付きの同期電動機は，無整流子電動機とも呼ばれる．

2.　電磁力の発生と直流電動機

　直流電動機は，ファラデーによって 1821 年に作られた．歴史上，最も古いものである．

　永久磁石の磁針の近くに導線を置き，これに直流の電流を流すと，磁針は図 8·9 (a) のように向きをかえる．また，電気ブランコは，同図 (b) のように固定された永久磁石の両極の間に，動けるようにした導体（導線）を置き，これに電流を流すと導体が動く．この二つはいずれも，導体の周囲に生じた円形磁界が，磁石の両

極間につくられている平等磁界を強めたり打ち消したりするために起こるもので，合成された磁力線はゴムひものように縮まろうとして，導体を外に押し出す電磁力が働くからである．

　この場合に，導体に流れる電流の向きと磁界の向きと，その相互作用によって生じる電磁力の向きとの間には，フレミングの左手の法則が適用される（図8·11参照）．なお，◉は，電流（または磁力線）が，紙面をつらぬいて裏から表の方向へ流れる状態を表す記号である．⊗の記号は，その逆の状態を示している（図8·12参照）．

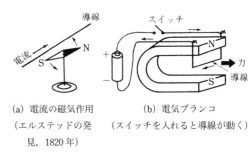

(a) 電流の磁気作用　　　　　(b) 電気ブランコ
（エルステッドの発　　　（スイッチを入れると導線が動く）
見，1820年）

図8·9　電磁力

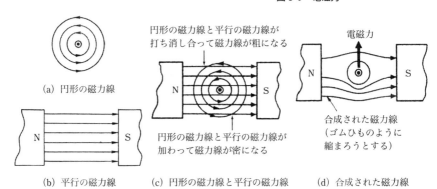

(a) 円形の磁力線

円形の磁力線と平行の磁力線が打ち消し合って磁力線が粗になる

円形の磁力線と平行の磁力線が加わって磁力線が密になる

電磁力

合成された磁力線
（ゴムひものように縮まろうとする）

(b) 平行の磁力線　　　　(c) 円形の磁力線と平行の磁力線　　　(d) 合成された磁力線
　　　　　　　　　　　　　の合成

図8·10　電磁力の発生

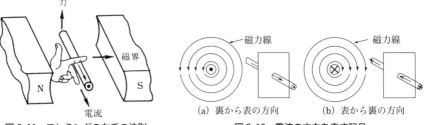

図8·11　フレミングの左手の法則
（西川ほか，1992）[6]

(a) 裏から表の方向　　　(b) 表から裏の方向

図8·12　電流の方向を表す記号
（電気技術研究会編，1965）[6]

また，この場合の電磁力の大きさは，導体（コイル）に流れる電流の大きさと，磁界の強さとに比例する．

電磁力∝(磁界の強さ)×(導体に流れる電流の大きさ)

上の式から，永久磁石を使っている場合は，その磁界の強さは一定であるから，電磁力は導体（コイル）に流れる電流にのみ比例する．この関係を利用して，電磁力によって回転しようとする力，すなわちトルクを目盛に示した可動コイル形の電流計（テスターなどに利用）を作ることもできる．

直流電動機は電磁力を利用して回転力をつくるものであるが，電動機の回転子（電機子）が180°回転した場合にも，図8·13のように，回転子に流れる電流の方向は，つねに同じ向きに流れなければならない．このため回転子にはこれといっしょに回る整流子と，その外側にこれと接触するブラシを取り付ける必要がある．一方，磁界をつくる部分は**固定子**または**界磁**ともいい，界磁には図8·13のように永久磁石が使われる場合もあるが，鉄心にコイルを巻いて，これに直流電流を流し，電磁石によってN極とS極をつくっている場合もある．

直流電動機の速度は，回転子に外部から加える電圧（電源電圧）や，磁界の強さをかえることによって変化する．

直流電動機の長所の一つは，速度を低速から高速まで連続的に広い範囲にかえられることであり，これは電車の運転などに向いている．一方欠点としては，整流子やこれに接触して電気を伝えるブラシが必要であり，これらは接触によりたがいに摩耗し合うから，長く使用するとブラシ交換の必要が生ずる．直流電動機は携帯用のひげそりやおもちゃなどにも使われている．

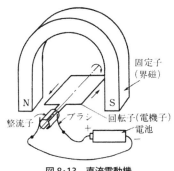

図8·13 直流電動機

3. 交流整流子電動機

原理的には直流電動機と同様で，整流子とブラシを必要とする．交流でも使用できるように工夫されており，変速できること，高速が得られることなどの特性は直流電動機と同様で，高速回転する掃除機やヘアドライヤ，ミキサーのモータなどに

使われている．整流子電動機は，界磁巻き線と電機子巻き線とが直列に接続されているので，交流電源に接続した場合，図8·14のように，両巻き線の電流の方向は同時にかわり，したがって，つねに同一方向に回転力を生ずる．

整流子電動機の部品としては，図8·15のように，界磁，電機子，整流子，ブラシ，雑音防止用コンデンサなどがある．界磁は固定子鉄心に巻かれているが，鉄心は0.5 mmくらいのケイ素鋼板を重ねて作ってある．電機子巻き線は電機子（回転子）鉄心の溝に巻いてあるがそれぞれ整流子片に接続されている．

雑音防止用コンデンサは，整流子とブラシの間に生じる火花による高周波の電気雑音を消去するために接続されている．

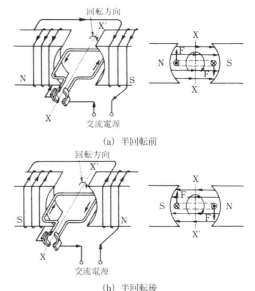

(a) 半回転前

(b) 半回転後

図8·14　交流整流子電動機の回転方向

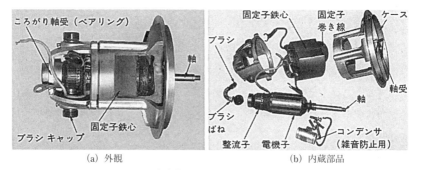

(a) 外観　　　　　　　　　　(b) 内蔵部品

図8·15　交流整流子電動機（掃除機の電動機）

4．誘導電動機

（1）　アラゴの円板　誘導電動機は，交流電源につないで運転させるが，その回

転原理は，アラゴの円板の応用であるとされてい
る．アラゴの円板は，フランスの天文学者アラゴ
（*Arago*；*1786–1853*）の発明（1824年）によるもの
である．彼はパリの天文台長を務めたが，光学・電
磁気・鉄の磁化などの物理学における貢献も多く，
また，フランス下院議員として科学教育の発展にも
尽くした．

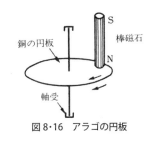

図8·16　アラゴの円板

　図8·16は，アラゴの円板の一例を示したもので，棒磁石を円板に沿って回転す
ると，銅の円板もこれについて，やや遅れながら同じ方向に回る．誘導電動機の回
転子は，この円板に相当するものである．

　アラゴの円板が回転するしくみは，つぎのように説明される（図8·17参照）．

　①　図（a）において，棒磁石を矢印の方向に移動することは，棒磁石を固定し
て考えれば，相対的に円板を反対の矢印の方向（右）に回転させたのと同じになる．

　②　図（b）において，棒磁石による磁界（磁場）は，円板を垂直につらぬいて
いるから，円板を矢印（右）の方向に移動すれば，電磁誘導作用によって，フレミ
ングの右手の法則に従い，円板には円板の中心に向かう誘導電流が生じる．

　③　図（c）のように，円板の中心に向かう誘導電流と，棒磁石による磁界（あ
るいは磁束）の相互作用によって，フレミングの左手の法則による方向，すなわち
図の矢印の方向（左）に電磁力が生じ，これが円板を回転させる．したがって，図
（a）のように棒磁石を回転させれば，これに従って，やや遅れながら円板もこれに
ついて回る．

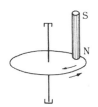
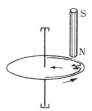
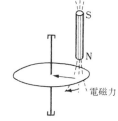

(a) 磁石を動かす（円板は磁界
　　を切る）

(b) 円板の中心に向かう誘導電
　　流が発生する（フレミング
　　の右手の法則）

(c) 磁界と電流の相互作用で電磁
　　力が発生する（フレミングの
　　左手の法則）

図8·17　アラゴの円板が回転するしくみ

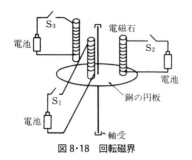

図 8·18　回転磁界

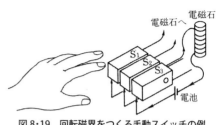

図 8·19　回転磁界をつくる手動スイッチの例

（2）　回転磁界と三相交流電動機　棒磁石を手で円板上で回す代わりに，これと同じ効果を電気を利用してつくるのには，図 8·18 のような 3 個の固定した電磁石とスイッチを用意し，$S_1 \to S_2 \to S_3 \to S_1$ の順にそれぞれスイッチを "ON"・"OFF" する．このようにすれば，S_1 による磁界，S_2 による磁界，S_3 による磁界をつぎつぎと発生させ，また消滅させて，磁界を回転させることができる．

このように回転する磁界を**回転磁界**という．回転磁界が回転する速さを速くしようとすれば，スイッチ S_1, S_2, S_3 を図 8·19 のように 1 か所にまとめ，ピアノのけん（鍵）盤をたたくように，速く "ON"・"OFF" すればよい．この場合，順序を取り違えて，$S_1 \to S_3 \to S_2$ のようにすると，円板は反対方向に回転するから，誘導電動機も，円板と同じく逆転することになる．

円板の回転する速さを調べてみると，これは回転磁界の速さよりも，やや遅い速度で回転する．この場合，回転磁界の回る速さを同期速度 N_0 といい，円板の回転する速度（電動機でいえば，回転子の速度）を N とすれば，N_0 は N よりもつねに大きい．また，その割合を**すべり**（スリップ）S と呼んでいる．

$$すべり \ S = \frac{N_0 - N}{N_0} \times 100 〔\%〕$$

すべり S は，小形よりも大形の電動機の方が小さい．小形で 5 〜 10 ％程度である．

図 8·18 では，回転磁界をつくるのに，手動のスイッチを使用していたが，これを電気で自動的に行うには，3 個の電磁石に三相交流のそれぞれ 1 線を図 8·20 のように接続すればよい．三相交流では，各相に流れる電流はそれぞれ時間的に 1/3 周期ずつ位相差をもっているから，例えば 50 Hz の地域では 1/150 秒ずつその最大，

あるいは最小になる時刻がずれているので，自動的に 1/50 秒に 1 回転する回転磁界がつくられる．これが三相交流による誘導電動機である．

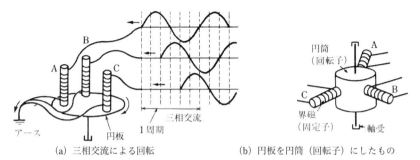

(a) 三相交流による回転 　　　　　(b) 円板を円筒（回転子）にしたもの

図 8·20　三相交流による回転磁界

（3）　単相誘導電動機のしくみ

三相交流ではなく，単相交流で回転磁界をつくるには，図 8·21 のようにコイルまたはコンデンサによって二つのコイル（固定子の界磁）に位相差のある電流を流して移動磁界をつくればよい．

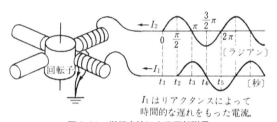

I_1 はリアクタンスによって時間的な遅れをもった電流．

図 8·21　単相交流による回転磁界

単相誘導電動機は，図 8·22 (a) のように，主磁極 AB と補助極 CD とを 90° ずつずらして配置し，主巻き線には直接に，また補助巻き線にはコンデンサを通して交流電流を流す．コンデンサは，電流を進ませる性質があるので，主巻き線に流れる電流よりも約 90° 位相が進んだ電流が流れる．

図 8·22 (b) において，t_1 のとき主コイルには電流が流れず，補助コイルに流れて，矢印の方向に磁界ができる．t_2 では，主コイルだけに電流が流れ，磁界ができる．t_3，t_4 のときは，交流の方向がかわるので，磁界も反対方向になり，N 極は，C から A → D → B → C という順序に回転する．この場合，交流の 1 Hz で磁界は 1 回転するから，50 Hz の交流ならば，回転磁界も 1 秒間に 50 回転となる．

回転磁界の速さを N_0 とすると

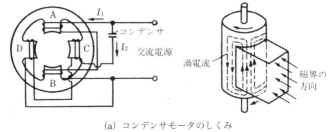

(a) コンデンサモータのしくみ

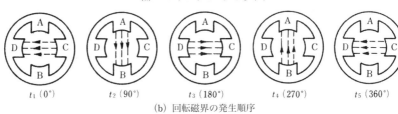

(b) 回転磁界の発生順序

図 8・22　単相誘導電動機の回転

回転磁界の速さ $N_0 = f/2p$〔rps〕$=120f/p$〔rpm〕

ここで，f；周波数，p；極数，rpm；毎分の回転数，rps；毎秒の回転数．

固定子の磁極の数 p を増していくと，上式から，回転磁界の速度すなわち同期速度は小さくなり，表 8・2 のようになる．すなわち誘導電動機は，その極数が多いほど毎分の回転数は小さい．

表 8・2　同期速度〔%〕

極　　数	同期速度	
	50 Hz のとき	60 Hz のとき
二極	3000	3600
四極	1500	1800
六極	1000	1200
八極	750	900

5. ステッピングモータ

ファックス（12 章 12・5 節参照）で文字や絵を遠隔地に送る場合，送信側と受信側は，同期のとれた走査をしなければならない．これには固定子の多相巻き線に順次にパルス（一定の間隔で変化する波形）を加え，その 1 パルスごとに回転子が一定角度回転するようにしたステッピングモータ（stepping motor；ステップモータ，またパルスを送って回転させるのでパルスモータともいう）が適している．ステッピグモータは，このほか各種のプリンタ，パソコンのフロッピーディスク，ロボット，数値制御の工作機械などに広く使用されている．

ステッピングモータは，永久磁石を使わないモータとして 1920 年代にイギリス

海軍によってつくられたと
いわれているが，図8・23
はその一例で，固定子に6
個の歯があって，これにコ
イルが巻いてあり，回転子

図8・23　ステッピングモータの回転

は鉄製で4個の歯（突起部）がある．同図（a）のように①のコイルに電流が流れ
ると磁界を生じ，つぎに②のコイルに電流を流して①に流れていた電流を切ると①
の磁力線は消え，②の磁力線が生じ，磁力線はゴムひものように短くなる性質があ
るから，回転子は①から②の位置に反時計式に移動する．以下パルスが加えられる
ごとに回転子は，一定の角度（この場合は30°）ずつ回転する．また，もし①の次
の③のコイルに電流を流せば回転子は逆転する．

6.　インバータやサイリスタによる速度制御

整流子電動機と誘導電動機は，その性質（とくに速度特性）が前述のように異な
るところから，それぞれその特性を生かせる機器に限って使用されてきた．しかし
インバータやサイリスタ（SCRともいう）などの制御装置の発達によって，現在
ではそれぞれの電動機の短所をカバーできるようになった．

例えば，誘導電動機や同期電動機は，これまでほぼ一定，または一定の速度でし
か回転できなかったが，インバータを使えば誘導電動機に加える電源の周波数をか
えることができるから，これによって速度を自由にかえられるようになった．また
サイリスタは，回路に流れる電流を制御できるので，洗濯機や扇風機の速度を連続
的にコントロールすることができる．サイリスタはまた，部屋の電灯に加わる電圧
をかえて部屋の調光にも使えて便利である（8・4節の制御機器の項参照）．

8・3　電気による熱の発生

1.　電熱の種類

電気エネルギーを利用して熱エネルギーを得る方法としては，抵抗発熱，誘導発
熱，誘電発熱などがあるが，間接的なものとしては電気エネルギーを光にかえてハ
ロゲンランプで赤外線を利用するもの，またヒートポンプによる暖房などの方法が
ある．

　誘導加熱は，コイルを利用して交番磁界をつくり，渦（うず）電流損やヒステリシス損によって発熱させるものであり，電磁調理器や工場の電気炉などに使われる．電気炉はほかの燃料を使用しないため，溶融しようとする金属に不純物が入らないという利点がある．

　誘電加熱は，高周波の電界のなかに置いた物質の誘電損を利用するもので，家庭用には電子レンジ，工業用には木材の乾燥，ベニヤ板の接合などに使われている．

　これらの加熱法は，間接的なヒートポンプ利用の暖房も含めて9章以下に詳述するので，ここでは抵抗発熱のみについて述べる．

　抵抗発熱の例としては，こたつ，電気毛布，カーペット，グリルなべ，ポット，炊飯器，魚焼き器，トースタ，アイロン，ヘアカーラ，衣類乾燥機，ふとん乾燥機，食器洗い機などがある．

2.　ジュール熱と電熱器具

　1840年，ジュール（*Joule*；*1818–1889*）は，抵抗体に電流を流したときに一定時間内に発生する熱量は，電流の大きさの2乗と，抵抗体の抵抗の大きさに比例することを実験的に明らかにした．すなわち，t秒間に発生する熱量は

$$熱量 = \frac{1}{J} \times 電圧 \times 電流 \times t \fallingdotseq 0.24 \times (電流)^2 \times 抵抗 \times t \ 〔cal〕$$

ここで，Jはジュールの係数で，約4.1855J/calである．

　ニクロム線の抵抗の大きさは，電線やコードに使われている同じ長さ，同じ太さの銅線の約60倍である．いいかえれば，1mのニクロム線の抵抗は，同じ太さの銅線の約60m分の抵抗値に等しい．これを利用すれば，同じ電流を流した場合に，約60mの銅線が出す熱量を，ニクロム線はわずか1mで出すことができる．

　ニクロム線は，ニッケルとクロムを主とする合金線で，1920年ごろから発熱体として作られるようになった．ニクロム線の体積抵抗率は110μΩ·cmで，使用温度は約950〜1100℃であり，酸化しにくく化学的に安定である．また，鉄クロム線はニッケルの代わりにアルミニウムが含まれており，加工性はやや劣るが，融点は1200℃と高く，安価なので広く使われている．

　また，これらの発熱体を裸のまま使用せず，ニクロム線をさびにくいステンレスなどの金属パイプで被覆し高純度の絶縁粉末（マグネシア）で絶縁し，さらに高温

の炉で焼成したシーズヒータが広く使用されている．図8·24は，調理用に使用されているヒータの例である．

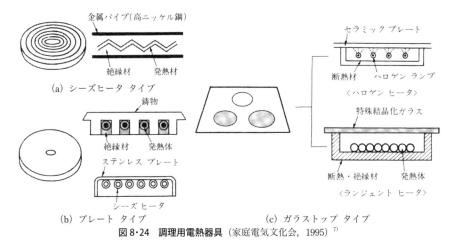

(a) シーズヒータ タイプ

(b) プレート タイプ

(c) ガラストップ タイプ

図8·24　調理用電熱器具（家庭電気文化会，1995）[7]

電熱器具の安全　ニクロム線などの金属発熱体を利用した電熱器具の利点を，ほかの熱源と比較してみる．

① 取扱いが便利（スイッチ操作でよい）で確実である．② 酸素を必要としない（真空中でも発熱できる）．③ 有害ガス（不完全燃焼による一酸化炭素など）を発生しない．④ 温度調整が容易である（バイメタル，磁気スイッチなど）．⑤ 発熱面積をかえやすい．

電熱器具の制限温度…こたつ，毛布，カーペットなど電熱利用の器具には，自動温度調節器や，温度過昇防止のための装置が取り付けられている．これを製造する者に対しては，器具の種類に応じて，使用中の"発熱体表面の温度"ならびに"外枠の外面の温度"の上限と下限が日本工業規格[*2]によって，それぞれに定められており，その安全が図られている．

温度ヒューズ…温度過昇防止装置としては，サーモスタットと温度ヒューズがある．温度ヒューズは，周囲温度が異常に上がったときに溶断するもので，すず，鉛，ビスマスの成分の配合をかえて，80〜230℃の範囲で溶ける．溶けたときに

[*2] JIS C 9209，JIS C 9210，JIS C 9216

落ちやすくするため，中央を重くして温度別に色分けしてある（図8·25，表8·3）．温度ヒューズには，このほかにプラスチックを感熱素子とした感度のよいものも開発されている．

色分けしたおもり
（四角または三角）
図8·25　温度ヒューズ
〔(社) 日本電子機械工業会〕

表8·3　温度ヒューズの溶断温度と用途〔(社) 日本電子機械工業会〕

溶断温度	色　別	用　途
100℃	黒	温風機
120℃	赤	足温器，あんか
130℃	緑	あんか，こたつ
150℃	黄	こたつ

3．電熱器具と効率

同じ量の湯を沸かすときに，図8·26(a)のような電気ポットを使用した場合と，同図(b)のように，同じワット数（電力）の電熱器とやかんの組合わせとを比較すると，効率は前者の方がはるかに高い．これは，電気ポットのヒータが容器内に組み込まれているうえ，ポットの外周を断熱材によって囲み，外部にむだに逃げる熱を小さくしているからである．

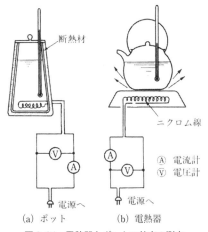

断熱材

ニクロム線

Ⓐ 電流計
Ⓥ 電圧計

電源へ　　　電源へ

(a) ポット　　(b) 電熱器

図8·26　電熱器とポットの効率の測定

電熱器具の効率を上げることは，1軒の家庭ではなく，全国的に考えると，たいへんなエネルギーの節約になる．とくに資源の少ないわが国では，むだに失われる熱損失を小さくする器具の構造や使用法を工夫すべきである．

図8·26(a)の電気ポットについて，これに水を入れて温度上昇させた場合のおよその効率[3]は，次式から求められる．

$$効率 = \frac{電気ポット内の水がもらった熱量〔cal〕}{コードから電気ポットに流入したエネルギー〔cal〕} \times 100〔\%〕$$

$$\fallingdotseq \frac{水量〔ml〕\times 上昇温度〔cal〕}{0.24 \times 電圧 \times 電流 \times 時間〔cal〕} \times 100〔\%〕$$

---

[3] ここでの水の蒸発はきわめて小さい範囲とする．正確な効率の測定には，JISに規定されている容器を使用し，規定された測定法によらなければならない．

これに対して同図（b）は，（a）の電気ポットと同じワット数の電熱器を使用し，同じ時間をかけて水を温度上昇させたものであるが，上の式によって求められる効率の値は小さい．この理由は熱がむだに外部に逃げてしまうからである．もし同図（b）の効率を高くするとすれば，次のような方法が考えられよう．

① やかんの底を平らにして，むだな熱を逃がさない．

② 電熱器の底に熱反射板を取り付け，下方に熱が逃げないようにする．

③ やかんの底を黒く塗り，熱の反射を小さくする．

どのような種類の電熱器具を使用する場合にも，効率の高い器具を効率よく使うことが，エネルギーを大切に使うという観点から重要である．

また，単なる加熱ならば，ガスや石油などのほうが燃料として安価であり，経済的な場合が多い．したがって，電気を応用する器具としては，ほかの燃料がもっていない長所を生かした利用法が望ましい．例えばアイロン，電気毛布，こたつ，トースタ，炊飯器，さらに高効率の電子レンジ，電磁調理器，ヒートポンプ利用などがあげられる．

|||||||||||||||||||||||||| 省エネルギーの視点 ||||||||||||||||||||||||||||||||||||

上記のほか，こたつを使うときの省エネルギー対策としては，掛けぶとんに敷きぶとんや上掛けを併用して暖かさを逃がさないようにすること，席を外すたびに，こまめにスイッチを切ること，また，むだに熱くなり過ぎないように温度調節することなどがあげられる．

電気カーペットを断熱性の低い床（フローリングなど）で使う場合は，床と電気カーペットの間に保温性の高いマットや毛布などを敷くと熱損失を減少できる．また電気カーペットを使用するときの室温は $16 \sim 18$℃ぐらいの低さで十分快適に感じられるので暖房を控えるとよい．また，こたつと併用できるタイプがあり，低い設定温度で高い保温効果が得られる．

8·4 エネルギー変換の制御

家庭の電気機器は，自動的に最適な動作をするよう，機器の使用状況を検知するセンサと，電子技術による制御法の改善によって，きめ細かいファジイ制御[4]をして，安全性や便利さを増し，かつ省エネルギーに役立つようにしている．

1. セ ン サ

センサ（sensor）は感知装置で，これによって検知された情報は制御装置に伝えられて，機器の動作状態を最適に保っている．例えば，アイロンや電気毛布には，熱センサによって得られた情報が温度調節器に伝えられ，適温が保たれる．センサには熱の変化だけでなく，いろいろな自然現象を感知する種類があり，人間以上に精緻な検知をするものが多い．例えば，スーパーストアなどで買物をすれば，商品についているバーコードが光センサによって読み取られ，価格が計算機に伝えられる．また，銀行や駅でカードを利用すれば，カードが内蔵している磁気情報が磁気センサによって感知され，暗証番号などの個人的な情報が制御機械に送られる．

センサには，温度，光，磁気などの変化を感知するものだけでなく，ガス警報器のように都市ガスやプロパンガスを検知するガスセンサ，洗濯機などの水位を検出するために使われる圧力センサ，赤外線や超音波の変化を感知するセンサなどがある．

（1）**温度センサ**　温度センサには，いろいろな種類あるが，機器が必要とする自動制御の目的に応じて選択され，使用されている．

（ i ）**バイメタル**　異種の金属を張り合わせてつくられたバイメタルは，2種の金属の熱膨張係数の違いから，温度が上昇すると一方向に曲がる．これを利用したアイロンやポットなどでは，自動的に接点がひらいて電流が切れて温度調節したり，温度過昇防止に役立てている〔図8·27（a）〕．金属には真ちゅう（膨張係数が大きい）や，鉄とニッケルの合金（膨張係数が小さい）などが使われている．

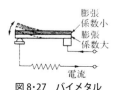

図8·27　バイメタル

---

*4　ファジイ（fuzzy）という言葉には，"羽毛のようにフワフワした，あいまいな，ぼやけた"などの意味がある．これまでのような二者択一的な情報処理ではなく，ファジイ理論を応用すれば，より幅のあるあいまいな情報も，きめ細かく扱うことができる．ファジイ理論は，あいまいな言葉の概念を数値化し，これをもとに，いろいろな状況に応じた適切な結論を引き出すように，あらかじめ推論機能をプログラムに組み込もうというものである．

　例えば，全自動の洗濯機では，"もし，洗濯物の量が少なく，布質が柔らかければ，水流を弱くし，かつ洗濯時間を短くする"という推論ルールをつくって，状況に応じて最適な洗濯方法を用いる．またエアコンでは，室内と室外の温度をそれぞれ室内機と室外機の温度センサが感知し，マイコンが計算して，冷房，暖房，ドライを選択し，また風速，風向きを自動的に調整する．その他，炊飯器，掃除機，オーブンレンジ，ビデオカメラなど，多くの器具に応用されている．

（ii）**熱電対**　異種の金属の先端を接合してつくられる熱電対では，二つの接合部に温度差があると回路に電流が流れる．この現象は**ゼーベック効果**と呼ばれ，電流の大きさは両接点間の温度差 $T_1 \sim T_2$ にほぼ比例する．金属では，主に電子が熱を運ぶ役をするが，二つの金属では熱電流を流

す能力（熱電能という）が異なるからである．これを利用して，風呂がまや瞬間湯沸かし器のパイロットバーナの温度が検知されている．また，温度計にも応用されている〔図8·28〕．

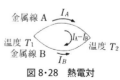

図8·28　熱電対

（iii）**サーミスタ**　サーミスタ（thermistor）には，各種の金属酸化物の焼結体が使われるが，金属酸化物セラミックスは小形で感度もよく，応答性にすぐれており，各種の温度センサに使われている〔図8·29（a）〕．金属酸化物は，温度が上昇すると抵抗が大きくなるものがあるので，この性質を利用して，これを発熱体（ヒータ）に直列に接続する．発熱体の温度が上昇すれば回路の抵抗は大きくなり，

電流が小さくなって自動制御ができる．このような正特性のサーミスタは**ホジスタ**とも呼ばれ，こたつ，電気毛布，温風ヒータなどに広く使われている〔図8·29（b）〕．サーミスタは，このほか火災報知器などにも使用され，集中監視などに役立っている．

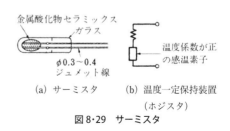

（a）サーミスタ　　（b）温度一定保持装置（ホジスタ）

図8·29　サーミスタ

（iv）**サーモマグネット**　フェライトなどの磁性体は，ある温度（これを**キュリー温度**という）以下では，磁石に引き付けられるが（強磁性），ある温度以上では磁石に引き付けられない（常磁性）の性質がある．この性質を利用して，炊飯器では飯が炊き上がって内釜の水がなくなり，蒸発熱をうばうものがなくなると，急に温度が上昇してフェライトは常磁性となり，吸引力を失って動作ばねによって引き下ろされ，電源

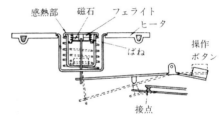

図8·30　サーモマグネット利用のスイッチ（炊飯器）

の接点を切る（9・2節の図9・6参照）．

（ⅴ）　**有機感熱体**　ナイロン系の樹脂などに
は，温度によって抵抗値のかわるものがあり，温
度が上昇すれば抵抗値が小さくなり，負特性を示
すものがある．このような樹脂の感熱材を発熱線
の近くにはわせ，抵抗値の変化を電気的に処理し
て，発熱線に流れる電流の大きさを制御させる．
電気カーペットなどの発熱線には，これと平行し
て有機感熱線が取り付けられている〔図8・31〕．

図8・31　電気カーペット

（2）　**光センサ**　光に対して働き，その変化を電圧や抵抗など，電気的な変化に
かえるもので，光センサは可視光線だけではなく，目に見えない赤外線の検出など
も可能である．赤外線の感知を利用しているものには，遠隔操作のリモコンやビデ
オカメラなどがある．光センサの種類としては，つぎのようなものがある．

（ⅰ）　**硫化カドミウム**（CdS）　光導電材料は，光が当たるとその抵抗値が変化
するので，これを電気的な変化にかえて制御に利用する．硫化カドミウム（CdS）
は感度もよく，最も広く使われている．

（ⅱ）　**フォトダイオード**　半導体のダイオードのpn接合面に光を照射すると，
起電力を生ずるようにしたもので，この電圧変化によって機器を制御する．

（ⅲ）　**フォトトランジスタ**　図8・32のように，トランジスタの中間領域である
ベース（n）とエミッタのpn接合面に光を照射するとベース内の電子は光のエネ
ルギーを得て自由電子となり，ベースに負電圧を加えるこ
とによってコレクタ電流が流れる．

これはフォトダイオードよりも感度がよく，自動洗濯
機など，水の汚れを感知する光センサとして使われたり，
モータの回転数を測定するセンサとして，またビデオカメ
ラのCCD（電荷結合素子）などに広く使用されている．

（3）　**圧力センサ**　自動洗濯機の水位の検出は，ダイヤ
フラム式の圧力センサが使われており，検知した情報は内
蔵のマイクロコンピュータに送られ，水位が調節される．

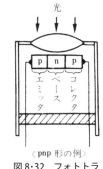

〈pnp形の例〉
図8・32　フォトトラ
　　　　　ンジスタ

液体や気体の圧力を検出する圧力センサとしては，受圧機械にダイヤフラム，ベローズブルドン管などを使い，変位やひずみを検出量としているものが多い．

（4）　**ガスセンサ**　プロパンガス・一酸化炭素・アルコール臭気などの検出には，酸化すず（SnO_2）や酸化亜鉛（ZnO）などの酸化物半導体が使われ，その抵抗値変化を電気変化にかえて，漏れ警報器や安全機器を動作させている．

2. 制御機器

自動制御には，大別して**シーケンス制御**と**フィードバック制御**の二つがある．前者は全自動洗濯機のように，あらかじめ定められた順序に従って，給水・洗濯・排水などの動作を自動的に行わせる制御であり，後者はフィードバックによって制御量を目標値と比較して，それらが一致するような訂正動作を行う制御である．

これには，いろいろなセンサと目的に合った制御回路が必要であるが，最近はとくに，マイクロコンピュータ（マイコン）を利用するもの，電気の周波数を変化させるインバータを利用する機器などが多くなっている．

（1）　**マイクロコンピュータによる制御**　全自動洗濯機・電子ジャー炊飯器・VTR・ルームエアコンなどには，マイコンを内蔵して，例えば時間的にある間隔をおいて検出されたセンサからの情報を演算処理して，より精度の高い，きめ細かいファジイな制御をさせているものが多い．内蔵するマイコンは1個だけでなく，複数個使用して自動運転できるようにしたものもある．

（2）　**インバータによる速度や出力の制御**（エアコン・電磁調理器・蛍光灯などへの利用）　電動機の速度をかえるのには，インバータが使われているが，インバータは，電磁調理器の出力や蛍光灯スタンドの調光などにも利用されている．インバータは，家庭に供給されている50Hzや60Hzの電源から，異なる周波数の交流をつくる一種の周波数変換装置で，周波数は自由にかえられる．装置は図8・33のように交流を直流にかえる部分と，その直流をトランジスタなどを使った一種の発振器によって任意の周波数の交流へと変換する部分からなる．

（ⅰ）　**エアコンの制御**　インバータを内蔵しているルームエアコンの電動機は，はじめは50〜60Hzの周波数で室内を冷房するが，ある程度冷房されると周波数を30Hzぐらいにして回転速度を落とし，ゆるやかな冷房とすることで省電力にも役立っている．

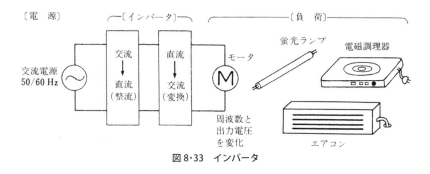

図 8·33　インバータ

（ii）　**電磁調理器の制御**　電磁調理器は，なべの温度を連続的に細かく調節でき
るが，それはインバータによって，電磁波の周波数を 20 〜 30kHz ぐらいまで，ス
ムーズにかえることができるからである．これによって，なべを発熱させる高周波
の電力を 100 〜 200W ぐらいまで自由にかえられる．

（iii）　**蛍光灯スタンドの調光制御**　蛍光灯スタンドの蛍光ランプに加えられる電
圧は，電源の 50 〜 60Hz の交流をインバータによって 40 〜 50kHz の高い周波数
にかえて加え，その周波数をかえることによって，調光がなされる．

（3）　**サイリスタによる制御**　サイリスタ（thyristor）は，三つ以上の接合個所
をもつ半導体素子であるが，SCR（シリコン制御素子）はその代表的なもので，図
8·34 のような図記号で示される．整流器にもう一つの電極（図記号の G）を取り
付け，この電極に電圧を加えると，整流器に流れる電流が制御されるようになって

いる．これを電動機に取り付けると，電動機に流れる電流
が制御されて変速が可能になり，扇風機などの回転数を連
続的にかえることができる．また，調光にも広く利用され
ており，例えば，光に当たると抵抗が小さくなる光センサ
と，サイリスタを組み合わせることによって，周囲が暗く
なると自動的に照明器具を点灯できる装置などを作ること
ができる．

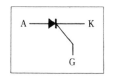

A：陽極(アノード)
K：陰極(カソード)
G：制御電極(ゲート)
図 8·34　SCR の図記号

9章 電気の熱への変換と利用

9·1 アイロン

1. アイロンの種類

繊維には，熱や水分，圧力を適当に加えると変形して，かなり長時間，同じ形を保とうとする性質（**可塑性変形**）がある．アイロンはこれを利用して布地のしわを伸ばしたり，折り目を付けたりするこ̇て̇の一種である．

電気アイロンには，熱を利用するだけの**ドライアイロン**と，熱と水分の両方による**スチームアイロン**がある．またアイロンは，切り忘れなどによって事故を起こすおそれもあることから，自動温度調節器を内蔵した，いわゆる自動アイロンか，これをもたない場合は，JIS 規格（C 9203）によって決められている温度過昇防止装置付きのアイロンを使用する．

スチームアイロンは，切換えレバーをドライにして自動アイロンにできるものが多い．また，スチームアイロンには滴下式とタンク式があるが，家庭用としてはほとんど後者の方式がとられている．

温度過昇防止装置 JIS で決められた温度過昇防止装置とは，バイメタルを利用した安全スイッチ（温度過昇防止器）や温度ヒューズであり，これらを内蔵したアイロンは，一定の温度以上には上昇しないから安全である．

温度調節にはバイメタル（8·4 節のセンサの項参照）やマイクロコンピュータが使われており，マイコンによって，アイロンを一定の時間使用しないでいると，自動的に電気を切るようにしたものもある．

2. 自動アイロンと繊維の種類

自動アイロンは，繊維の種類に応じて掛け面の温度を適温に保つようにしたもの

であり，それぞれの温度で繊維に可塑性変形を与えるものである．一般に固体は，適当な条件下では，その融点以下の温度でも，外力に対して剛体や弾性体の性質を示さず，しかも破壊しないで永久的な変形をさせることができる．この性質を**可塑性**と呼んでいる．

可塑性変形を行う繊維の中には，ろうそくのように，熱だけで変形するものがある．例えば，ポリプロピレン，ポリ塩化ビニル，ビニロン，ビニリデンなどである．しかし，ほかの大部分の繊維は，熱だけでなく水分も加えた方が変形しやすいから，アイロン掛けには霧吹きを使ったり，スチームを掛けたりする．しかしまた，繊維の中には，スチームでは温度が高すぎるというもの，例えばアクリルやポリエステルなどもある．したがって，これらには当て布が必要である．自動アイロンは，これらの要求に応じて，掛け面の温度を適温に保つように，ダイヤルを回してバイメタルなどの接点の位置を調節している．

3. 自動アイロンのしくみ

図9·1 (a) は，自動アイロンの回路例で，電源につながれている端子 AB 間には，ヒータと自動温度調節器が直列に接続されており，温度調節器の接点が切れれば，ヒータに電流が流れないから発熱しない．同図 (b) は温度調節器の内部を示したもので，ヒータによって温度が上がれば，バイメタルは図の左側に湾曲して先端の接点が離れ，電源が切れるようになっている．右側のばね板の先端に付いている接点の位置は，ダイヤルのついた調節ねじを回せば図の左右に移動する．例えば接点が図の右の方に設定されていれば，接点は温度が上がればすぐに切れるから，低温が保たれる．また左の方に設定されていれば，

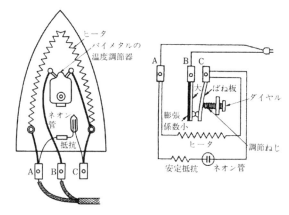

(a)　自動アイロンのしくみ　　(b)　バイメタルの温度調節器の働き

図9·1　自動アイロン

温度が上がっても接点はなかなか切れなくて，結果としては高温にセットされたことになる．なお，ヒータに電流が流れているときは，ヒータの両端〔同図（b）の端子 AC 間〕に電圧降下が生じるから，端子間に並列に接続されているネオン管は，その電圧によって点灯する．このネオン管は，パイロットランプ（指示管）とも呼ばれる．

ネオン管には，ネオン管の中を電流が流れ過ぎないようにした安定抵抗器が直列に接続されている．バイメタルの接点が切れて，ヒータに電流が流れていないときは，AC 端子間に電圧が現われないから，ネオン管の灯も消える．

4．スチームアイロン

スチームアイロンは掛け面の底金に発熱体が埋め込んであり，その熱でスチームをつくる．スチームは，とくに水分を吸いやすい綿，毛，麻などに広く使用されている．タンク内の水はタンク底の穴から滴下され，その下にある気化室（蒸発室，スチーム室ともいう）に落ちる．気化室は底金によって加熱されているので，水滴は瞬間的に気化し，スチームとなって掛け面の噴出口から外に噴出される．タンク底の，水の落ちる小さな穴には，スチーム量調節ボタンと連動しているロッド（弁軸）の先の針が弁の役をしており，ふつうスチーム量は約 8 ml/ 分が出るようにつくられている．厚手の布地などスチーム量を多くしたい場合は，スチーム量調節ボタンでスチーム量が約 12 ml/ 分になるようにしたものもある．スチームアイロンをドライの自動アイロンとして使う場合（化繊など 80℃ くらい）は，スチーム・

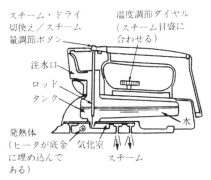

(a) スチームアイロンの仕組み（滴下式）

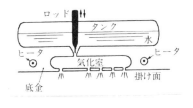

〔注〕 ドライのときは，ロッドが下がり，その先端が気化室に通じる穴（ノズル）をふさぐ．

(b) ロッドと滴下ノズル

図 9・2 スチームアイロン

ドライ切換えボタンをドライ側に入れる．この場合，ロッドの先端の針はタンク底の小さな穴を完全にふさいで，タンク内の水は気化室に落ちない．またドライで使用する場合，水を入れているタンクは不要なので，タンク自身を本体から取り外すようにしたタイプもある．

5. コードレスアイロン

アイロン掛けでわずらわしいコードを使わないようにしたアイロンで，アイロンを台に置くと自動的に電源につながれて蓄熱し，この熱でアイロン掛けするものである．一般にアイロン掛けは平均して，約11秒がアイロン動作，布地を整えるのが約8秒で，その繰返しといわれ，約8秒間は台の上に本体を置き，蓄熱されるようになっている．

図9·3　コードレスアイロンの本体と充電台
〔東芝ライフスタイル株式会社〕

9·2　電気炊飯器（ジャー炊飯器）

1. 自動炊飯器の種類

自動炊飯器には，ガス式のものと電気式のものとがある．自動炊飯器は，飯が炊き上がったとき，自動的にガス栓や電源を切るしくみになっている．

自動的に切るには，ガス炊飯器では液体の膨張を利用したベローズや金属のバイメタル，電気炊飯器では磁石を利用したサーモスタットやマイクロコンピュータが使われている．電気炊飯器には，電熱線を使うもののほか，IH形が多くなった．

2. 炊飯時間と温度特性

米のデンプンの中に水の分子が浸入して膨潤を与え，生米のβデンプンがのり状のαデンプンにかわるまでの時間は表9·1のように温度によって異なる．これは水の分子運動が温度の高いほど激しいからであり，圧力1気圧の場合，約100℃で約20分である．わが国の年間平均気圧は1気圧以下（各地域によって違う）であ

表9·1　精白米の糊化に要する時間と温度との関係
（福場，1985）[8]

なべ内温度	加熱時間
65℃	10数時間
75℃	5〜6時間
90℃	2〜3時間
98℃	20分間

り，水も純水でないから，表に示され
ているように，98℃くらいで沸騰し，
炊飯されている場合が多く，炊飯器は
蒸らしの時間も含めてほぼ35～40分
ぐらいで飯が炊き上がるように設計さ
れている．

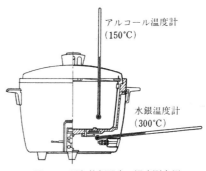

図9·4　電気炊飯器内の温度測定例

炊飯器のなべの中と熱板のおよその
温度変化を測定するには，炊飯器のふ
たに穴をあけて温度計を差し入れ，図
9·4のようにして，1分ごとに温度を
測定すれば，図9·5のような曲線が求められる．

　図9·5において，曲線のA点は，スイッチを"ON"にしたときの水温を示し，
電熱線の発熱によって，なべの中はほぼ直線的に温度上昇し（このとき水1mℓは，
熱板からの熱1calで1℃上昇），水は沸点の約100℃に達する．曲線のBC間は，
この温度で水の蒸発が続いていることを示し，この場合の水1mℓの蒸発熱（気化

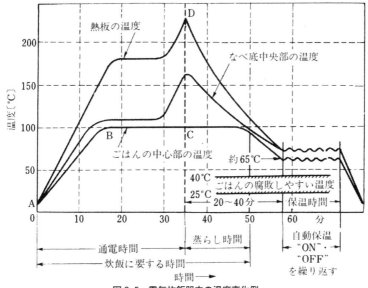

図9·5　電気炊飯器内の温度変化例

熱）は約540calである．なべの中の水が，一部は米（含水率15〜16％）の中に
吸収され，ほかの大部分が空中に蒸発し終わると，なべの中は含水率の大きくなっ
た飯（含水率約65％，重量は約2.3倍になっている）だけとなり，蒸発熱をうば
うものがなくなるから（曲線のC点），熱板は急に温度上昇し，サーモスタットが
働いて（D点），ヒータに流れている電流を自動的に切る．

3. サーモスタットの働き

　サーモスタットとして，電気炊飯器では，フェライトを利用した磁気スイッチや
マイクロコンピュータが使用されている．磁石には，熱すると磁性のかわる磁気変
態点（これを磁石のキュリー温度ともいう）がある（8・4節参照）．なべの中で蒸
発熱をうばうものがなくなり，熱板の温度が上昇して，この変態点以上になると，
フェライトは急に磁性を失い，磁石が離脱して下がり，ボタンは上がる（OFF）．
冷却すると，フェライトが磁性を回復して磁石は吸着しようとするが，図9・6（b）
のようにフェライトまでの距離が長いから，手動スイッチを押さえないと，再吸着
できない．

　炊飯器には，なべの中の温
度を約70℃に保つようにし
た保温用スイッチがあるが，
これには自動アイロンなどと
同じように，バイメタルの
サーモスタットを並列に付け
加えたものが多い．

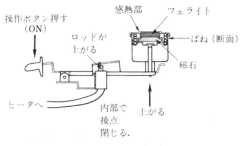

(a) 炊き始め（ON）

　また最近の電子ジャーで
は，蒸らしの時間に入る前に
もう一度，主電源が入るよう
にし，再加熱して余分の水分
をさらに蒸発させ，メラノイ
ジン反応によって，ふっくら
した香ばしさを付けるように
したものもある．

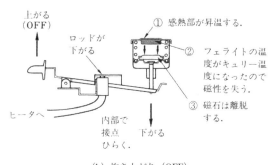

(b) 炊き上がり（OFF）

図9・6　炊飯用サーモスタットの働き

|||||||||||||||||||||||||||||||||||||||||| 省エネルギーの視点 ||||||||||||||||||||||||||||||||||||||||||

　ご飯の保温時間はつい長くなりがちであるが，約12時間以上になると，新たに炊飯するより消費電力が多くなるので注意する．

4.　電磁炊飯器（IH形）

　電磁調理器とまったく同じ原理を応用した電磁加熱（induction heating）形の炊飯器である（原理については9·3節参照）．

　IH形の炊飯器（図9·7）では，鉄合金で厚めにできたなべ自体が発熱するから，昔のかまどで飯を炊くのと同じような効果がある．また昔のかまのふたは木製の大きなものであったが，それと同じくらいの重さをふたにもかけている．したがって仮に1.1気圧の圧力を掛けると，沸点は3℃ぐらい上がるので，その効果も加わる．

　最近では，炊飯器にマイコンを入れ，白米（硬め，軟らかめ），胚芽米，炊込み，おこわ，玄米，おかゆなどメニューに応じて，お米の分量や水温に応じて炊き方を計算させ，いわゆるきめ細かい炊飯（ニューロ炊飯などという）をさせるようにしたものが多い．

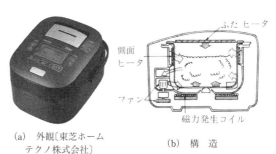

(a)　外観〔東芝ホームテクノ株式会社〕　　(b)　構　造

図9·7　IH（電磁）形炊飯器の例

9·3　電磁調理器（電磁誘導加熱調理器）

　電磁調理器は，交番磁界の発生しているところに金属を置くと，金属内に渦電流が流れ，これと金属の抵抗によって発熱することを応用したもので，清潔で安全性にすぐれ，熱効率がきわめて高い．火を使わない調理器として，1973（昭和48）年ころから販売されている．

1.　電磁調理器の熱効率

　電熱器と電磁調理器の熱効率を比較するため

図9·8　電磁調理器〔東芝ホームテクノ株式会社〕

に，図9・9のように同じワット数
の器具を用意し，同じ大きさの金
属製なべをのせて，同量の水を入
れ，お湯を沸かすと，結果は電磁
調理器の方が断然早くお湯が沸
く．器具はワット数が同じ容量で
あるから毎秒ごとの使用電力は等
しく，早く沸いた電磁調理器の方
が効率が高く省エネルギーで使用
電気料金も安い．

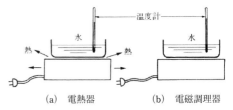

（a）　電熱器　　　　　（b）　電磁調理器

図9・9　電熱器と電磁調理器の熱効率比較

表9・2　器具の効率〔%〕〔東京電力（株）〕

ガスコンロ	電熱器 (ニクロム線)	電気シーズ ヒータ	電磁調理器
40.0	45.0	70.4	83.4

〔注〕　プロパンガスの価格を245円/kg，電気料金を
27円/kWhとして計算している．

　電熱器ではヒータが赤熱し，そ
の熱の大部分が輻射によってなべ底に伝えられるが，熱の一部はなべ底にいたらな
いで外部に拡散し，図9・9のようにむだになってしまう．

　一方，電磁調理器は自身ではまったく熱を出さず，器具はその上方に磁界（磁場
ともいう．その存在は磁力線で表される）をつくるだけである．この磁界の中にな
べを置くと，なべ自身が磁界によって発熱し，なべ自体が熱くなる．この場合，磁
界がもつ磁気エネルギーの大部分はなべの金属に吸収され，むだに拡散するものが
ほとんどないからである．すなわち電磁調理器は，電力，つまり電気エネルギーを
磁気エネルギーにかえるだけの器具であり，磁気エネルギーを熱エネルギーにかえ
るものは金属なべ自身であり，なべ自体が発熱し，その熱が水に伝えられて温度が
上昇する．

　表9・2は器具の効率[*1]を示したものであるが，同じ電力（エネルギー）を消費
しても，電熱器は，入力された全エネルギーの約45%が水の温度上昇に役立つに
すぎない．これに対して，電磁調理器は入力エネルギーの約83.4%が温度上昇に
寄与しており，このためお湯は早く沸くわけである．

[*1]　効率ηは，次の式によって求められる．

$$効率＝\frac{(V+CW)(T-T_0)}{N \times 860} \times 100 〔\%〕$$

ここで　V：なべの中の水の重量　　　C：なべの比重　　　W：なべの質量
　　　　T_0：加熱前の水温　　　　　T：加熱後の水温　　　N：消費電力量

2. 電磁調理器のしくみ

電磁調理器を分解して中をの
ぞくと，加熱ヒータなどはまっ
たくなくて，トランジスタを用
いた IC 回路と磁界をつくるため
の円形のコイルで占められてい
る．電源コードから器具に送られ
た 100V の交流は，器具に入ると，
まず直流にかえられ，つぎに直流
は IC の発振器に送られ，増幅さ
れて約 20 〜 50kHz の高周波電流

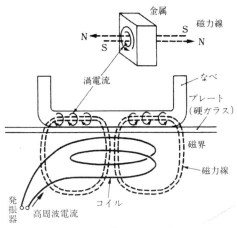

図9·10　電磁調理器のしくみ

にかえられる（このように交流から直流，さらに望ましい周波数の交流へと変換す
る装置をインバータという；8·2節，8·4節のインバータの項参照）．

この高周波電流がコイルに流れると，コイルからは高周波の磁界ができ，した
がって磁力線が外部に向かって発生する．

この磁界は，N·S の磁極の方向が 1 秒間に約 2 万〜 5 万回も変化するので，こ
の磁界の中に鉄や鉄系の金属製なべを置くと，この金属の中には渦電流が発生し，
この渦電流と金属がもっている電気抵抗とによって，金属内にはジュールの法則に
よる熱が発生し，なべ自身が発熱する．

3. なべの温度調節法

なべの温度を調節するには，上記
のインバータの発振周波数をかえれ
ばよい．コイルに流れる高周波電流
は，コイルの交流抵抗によってかわ
るが，これはコイルのインダクタン
スを L，周波数を f とすれば，その
積 $2\pi fL$ で表され，コイルの係数 L
は一定であるから，交流抵抗は周波
数 f の大きさに左右される．

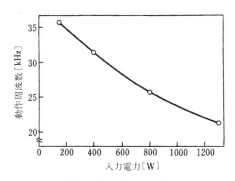

〔注〕　高周波電流の周波数を変化させると
　　　　電力〔W〕がかわる．

図9·11　電磁誘導加熱調理器の入力電力の制御

インバータを調節して周波数 f を大きくすると，オームの法則からコイルに流れる高周波電流は小さくなる．したがってコイルがつくる磁界の強さも小さくなって，なべに生ずる渦電流も小さくなり，なべの抵抗と渦電流によるジュール熱も小さくなって，なべで消費されるエネルギーも小さくなる．温度を上げる場合には，周波数を小さくすればよい．周波数は 20 〜 50 kHz の間で連続的にきめ細かくかえることができる（前ページ図 9・11）．

4.　電磁調理器の利点と欠点

電磁調理器がほかの調理器よりもすぐれている点として，① 効率が高いから，電力を有効に使えて省エネルギーである．② 火を使わないから酸素を必要とせず，引火，吹きこぼれによる消炎，排ガスの汚染などがなく，ヒータの加熱によらないからなべをのせるプレートも熱くならず，老人や子どもにも安全である．③ 磁界の強さは広範囲に連続的にかえられるから温度調節がしやすい．などがあげられる．

欠点としては，① アルミや銅のなべが使えない．② なべの底は平らに限られる，などがある．

9・4　電子レンジ

1.　電子レンジの種類と出力

電子レンジには誘電加熱のみの単機能形と，これに電熱線を加えた複合形がある．

単機能形（誘電加熱のみ）

複合形 $\begin{cases} \text{オーブン加熱（上下のヒータで庫内を 100〜250℃ くらいにする）} \\ \text{グリル加熱（赤外線による輻射熱などによって食品の表面を焼く）} \\ \text{スチーム加熱（ヒータで高温蒸気をつくり，蒸し料理などに使う）} \end{cases}$

単機能形の誘電加熱のみの電子レンジでは，電力は食品自身を加熱させることのみに使用されるから，効率はきわめて高く，調理器具の中で最も省エネルギーである．電子レンジの出力は，電子レンジが発生する高周波出力によって示されるが，これは電子レンジが発生する高周波の電波の強さを示すもので，その出力で水を加熱した場合に，水がどれだけ温度上昇したかという上昇値を電力のワット数に換算

した値を出力として表示している．例えば，高周波出力が500Wと表示されていれば，これは2ℓの水を約167秒で10℃から20℃までに温度上昇させる能力をもっていることを意味している．しかし複合型の電子レンジでは，これの上に電熱線による加熱電力が加わるから，全体としてかなり大きな電力となっている．

2.　電子レンジのしくみ

（1）　電子レンジ（単機能形）のしくみ　単機能形の電子レンジの主要部は，図9·12のように，① 高周波の電波を発生させるマグネトロン部，これを動作させるに必要な高電圧をつくる電源部，および② 誘電体である食品を加熱する加熱室部などから成り立っている．

マグネトロンでつくられた高周波は，導波管によって加熱室内に導かれる．加熱室内の電界の強さは室内の場所によって異なり，食品に加熱むらができるので，これを防ぐために，下には食品を回転させる回転テーブルや，高周波の電波を反射かくはんするスタラファンという金属の回転羽根が上部の樹脂製の壁の内側に設置されている．電波は樹脂製の壁を通してこの羽根に当たり，反射する．

加熱室前面の窓は，内部が見えるようにしてあるが，これには，ここから電波が絶対に出ないように，電波が通過できない大きさの，きわめて小さな穴を多数あけた金属板や金属網と，これに針金などを差し込めないようにしたガラスなどの透明

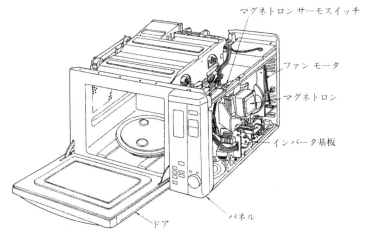

図9·12　電子レンジの構造（単機能形）〔(株) 日立製作所〕

板をはり合わせたものが使われている.

　また，加熱室の開閉扉には，扉をひらく前に自動的に電波の発生を止める安全ス
イッチが連動している.

（2）　複合レンジ（複合形）のしくみ　複合形の電子レンジは，誘電加熱のほか
に，加熱室の中にシーズヒータを組み込んだもので，オーブン，グリル，トースタ
などの機能をあわせもつようにしている．複合レンジの特長は，① 食品の内部か
ら加熱するレンジ機能と，食品の外部，すなわち，表面からヒータの輻射熱で加熱
する機能との二つをあわせもつことから，焼上げなどに，早く，きめ細かい加熱が
できる．② 上記の二つの
機能をもつことから，せま
い調理室では省スペースに
もなるといえる．③ 調理
の選択や調節を各種のセン
サを用い，マイコンによっ
て制御させて自動調理機能
をもたせることも可能であ
る.

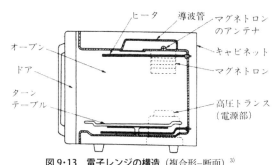

図9・13　電子レンジの構造（複合形−断面）[3]

3.　電子レンジと誘電加熱

　電子レンジは，誘電加熱を利用して食品を加熱するものである．歴史的には，木
材の乾燥や接着剤の加熱や乾燥などに使われてきたが，小形で性能のよい高周波発
振器がつくられるようになって，誘電加熱の利用が広がった.

　誘電現象は，物質の分子を分極することによって生ずるが，図9・14 もその一例
である．図のように，ガラス棒を布で摩擦して，これを紙片に近づけると，静電気
によって紙片がガラス棒の先に吸引される．これは，ガラス棒と反対の極性の電気
が紙片の表面に生じ，⊕と⊖の電気が引き合い，クーロン力が働くからだと考えら
れている.

　紙片に反対の電気が生ずる理由について考えてみると，紙を構成している分子に
は，もともと極性をもっているものと，極性をもっていないものがある．極端に原
子の場合を考えると，⊕の原子核とその周囲を回っている⊖の電子雲があり，⊕と

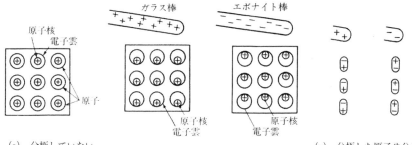

ガラス棒 エボナイト棒

(a) 分極していない
物質の原子

(b) 分極した原子

(c) 分極した原子や分子
（双極子）の説明図

図9·14　分子や原子の分極

⊖の中心は一致している．いま，ガラス棒が近づくと，⊖の電子はガラス棒の⊕に引き寄せられて⊖の電子雲の中心は原子核の位置から離れて，⊕と⊖をもつ双極子になってしまう．もしガラス棒と反対に，⊖に帯電しているエボナイト棒を近づければ，⊕の原子核が引き寄せられて，反対の分極をするであろう．

　物質を構成している分子には，このように電界を加えれば分極する無極性分子と，電界を加えなくても，もともと水（H_2O）のように⊕と⊖の極をもっている有極性の分子とがある．図9·15のように電極間に入れられた物質の分子や原子は，それが無極性であろうと有極性であろうと，すべて電界の方向がかわれば，その都度分子は分極して分極分子（双極子）となり，その向きをかえる．

　このような物質を電子レンジの中の上下の電極の間に置き，電極間に強い電界を形成させると，物質の分子や原子は分極されるが，上下の電極に加える電圧を交流にすれば，極板間の物体の分極の向きはつねにかわり，これは熱損失（分子が向き

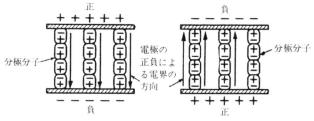

(a) アンテナが正のときの電界と
分極分子の向き

(b) アンテナが負のときの電界と
分極分子の向き

図9·15　電極間に入れられた物質の分極

をかえるときの一種の摩擦熱のようなもの）を生じ，物体の温度を上昇させる．このときの電力は，交流の周波数や物体の誘電率，誘電正接に比例する*2．

　実際に使われている電子レンジでは，上下の電極間に加えられる交流の周波数 f が 2450 MHz，すなわち 1 秒間に 24 億 5000 万回というマイクロ波なので，熱にかえられる電力 P（脚注*2 を参照）は大きくなる．

4．電子レンジによる調理法

（1）調理法とその特長　電子レンジによる調理の種類には，① スピード性，焦げつかないなどのメリットを生かした再加熱（温め），② 野菜類を野菜自身がもっている水分だけで調理する生からの調理，③ 短時間で鮮度よくできる冷凍食品の解凍，④ 時間のかかる料理の下ごしらえ，⑤ その他，湯せん（溶かす），乾燥などがあげられる．その理由には，以下に述べる調理時間や食品のもつ水分などに関与するところが大きい．

（2）調理時間　誘電加熱は分子の分極を利用しているから，電波の量が一定なら調理時間は食品の量にほぼ比例する．例えば，いも 1 個を蒸すのに 2 分間かかるとすれば，2 個なら 4 分間が必要であり，これはほかの調理器具と異なっている．また加熱前の食品の温度（初温）によって調理時間を調節するとよく，例えば標準温度に対し，冷蔵の場合は約 1.3 倍，冷凍の場合は約 2.3 倍の加熱時間が必要といわれ，さらに夏と冬では外気に差があるから，夏は短め，冬は長めとされている．

‖‖‖‖‖‖‖‖‖‖‖‖‖‖‖‖‖‖‖‖‖‖‖‖‖‖ **省エネルギーの視点** ‖‖‖‖‖‖‖‖‖‖‖‖‖‖‖‖‖‖‖‖‖‖‖‖‖‖‖

　一般に，肉や魚などの生ものを解凍する場合は加熱し過ぎず，半解凍で止めた方が味もよく，消費電力も少なくてすむ．また，少量の食品を加熱し過ぎることや空だきは，電気のむだであり電子レンジの寿命を縮めるので注意する．

（3）ラップとふた　電子レンジでは食品の内部の方が先に熱くなり，外の空気にふれている表面の方がやや遅れて熱くなる．したがって表面から水分の蒸発しやすい食品には，ラップやふたをした方がよい．食品自体が乾燥気味のときは水を振

---

*2　高周波誘電加熱における電力 P を求めると，
$$P =（電圧）\times（電流）\times 力率 ≒ 2\pi fC \times（電圧）^2 \times \tan\delta$$
$$= K \times f \times（電圧）^2 \times \varepsilon_r \times \tan\delta$$
　ここで　f：交流の周波数　C：電極間の静電容量　ε_r：物体の比誘電率　δ：誘電損角
　　　$\tan\delta$：誘電正接　　K：比例常数　　$\varepsilon_r \times \tan\delta$：誘電損率

り掛けたり，霧吹きしてラップするとよいといわれている．一般にラップやふたをした方がよいものとしては，ゆで物，蒸し物，煮物，ご飯など，またラップやふたをしないものとしては，焼き物，揚げ物，炒め物，乾燥物などがあげられている．

ビタミンの残存率　野菜自身がもっている水分で野菜をゆでるには，野菜を洗ってからラップに包んで電子レンジに入れ，水であく抜き・色止めなどするが，全般に電子レンジは温度上昇が早いので，70℃前後で失われるといわれるビタミンやミネラルなどが多く残っていることが知られている．

また食品をむらなく短時間で調理するには，① あらかじめ食品の形や大きさをそろえる，② 加熱の途中でかきまぜたり，裏返しする，③ 逆に早く加熱されては困る部分に対しては，アルミホイルで覆う，などの留意点があげられる．

（4）　**食品に含まれている水分の影響**　食品はいろいろな分子からできているが，誘電損率（脚注*2 を参照）の最も大きいものは水である．したがって，電子レンジの中で食品自身を温度上昇させている主役は，食品に含まれている水であると考えて差しつかえない．

また食品に高周波の電波が当たると，電波のエネルギーは食品に吸収されるので，そのエネルギーが半分になる深さを半減深度といい，この値は誘電損率の大きいものほど小さい．したがって水は発熱が大きいが，電波の届く深さは小さいということになり，食品も水分の含まれ方によってその深度が異なる．一般に食品は，その大きさが半径約 6cm 以上になると電波が届かない個所ができたり，焼きむらができるともいわれているが，実際には食品内でも熱伝導があり，機器は焼きむらをつくらない配慮もされているので実用上問題ない．

9·5　電気温水器

1.　電気温水器の構造と働き

電気温水器は図 9·16 のように，グラスウールなどの断熱材で被覆されたステンレス製のタンク内にヒータを組み込んだもので，"深夜電力制度"を利用し，夜間に通電してタンク内で湯を沸かし，これを翌日の調理や風呂に使う．

電気温水器は，自動のタイマースイッチによって夜になるとヒータに通電が始まり，水を熱して対流を繰り返しながら 85 ～ 90℃の湯をつくる．設定温度に達する

と自動的に通電は止まる．湯は水道の給水圧を
利用して，温水器上部から出て台所や風呂に給
湯されるが，湯を使えば同時に下の給水口から
同量の水が補給され，図9・18のように混合層
を押し上げる．湯と水の温度差が20℃以上あ
れば，比重の差によって，境界付近に仕切りの
役をする混合層ができるので，湯と水がまざる
ことはなく，上部の温度は一定に保たれる．ま
た万一，1日で所定の湯をオーバーして使った
場合は，日中でもヒータに通電して沸き増しで
きるタイプもある．

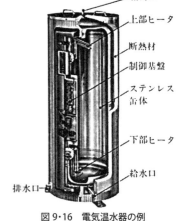

図9・16　電気温水器の例

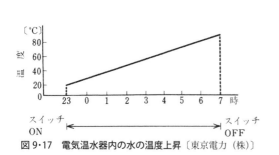

図9・17　電気温水器内の水の温度上昇〔東京電力（株）〕

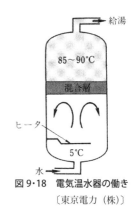

図9・18　電気温水器の働き
〔東京電力（株）〕

2．深夜電力制度の利用

　電気は大量に貯蔵することができないた
め，電気の供給設備は1年中で最も電気の
需要が高い夏の午後2〜3時台の最大電力
（ピーク）に合わせて確保されている．ま
た夏の1日の電気の使われ方をみた場合，
深夜の電気使用量は昼間の約40％にまで
減っている．電気の使われ方が一定であれ
ば，発電設備は効率よく運転されて省エネ

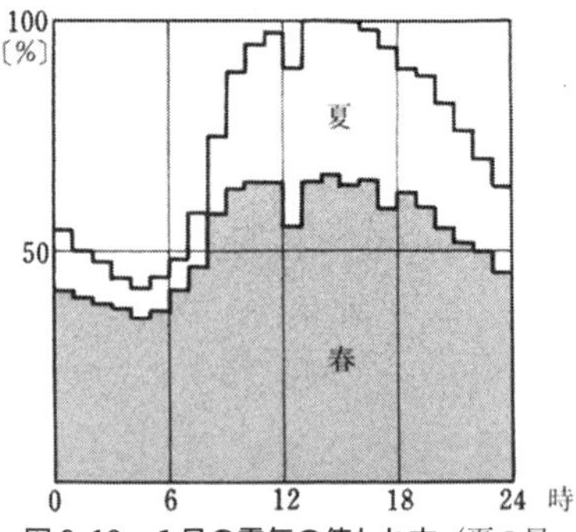

図9・19　1日の電気の使われ方（夏の最
大電力を100として比較）〔東京電力（株）〕

ルギーにつながるが，この格差があるために発電設備の有効利用が課題になっている．このため電力会社は，電気の使われ方を均等化するための方策の一つとして，一般家庭向けには，夜間に割安の料金で電気を利用することができる"深夜電力料金制度"をもうけている．

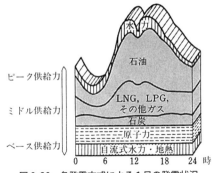

図9·20　各発電方式による1日の発電状況

（電気事業連合会）[9]

10章　電気の動力への変換と利用

電気洗濯機と衣類乾燥機

1. 洗濯と洗濯機

　洗濯は，布に吸着しているほこりや，身体の分泌物を布から取り去ることである．水だけではとりにくい汚れも，布を容器に入れ，洗剤を加えた水に浸しておくと，布から自然に離すことができる．しかし，容器が静止したままでは，この作用に長い時間を要するので，洗濯機は布と水に振動などの相対運動を与えて，この作用を速くするものである．汚れを引き離すためには，まず布を水でよくぬらさなくてはならないが，水は本来，その表面積を小さくしようとする表面張力があり，繊維に浸透しにくい．洗剤を水に溶かすと，洗剤の分子は水の表面張力を弱める力（これを界面活性という）があるので，図10·1のように，水が繊維のすみずみにまでしみわたる．同図はこの作用を説明したもので，洗剤が水に溶けると，洗剤の分子は，カルボキシルイオンをもつ油になじみやすい親油基と，水になじみやすい親水基をもつ洗剤分子となる．図のような油などの汚れがあると，その周囲に親油基が付着し，油の汚れの表面積が最小になるように，しだいに全周を取り囲み，やがてこれを繊維から離してしまう．汚れに付いた分子の親水基と，布に付いた分子の

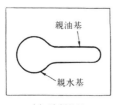

(a) 洗剤分子

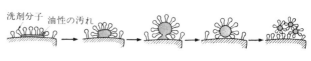

(b) 汚れの除去

図10·1　洗剤分子と汚れの除去

親水基はたがいに反発するので，汚れは布から離れ，汚れの再付着が避けられる．洗剤の作用には次のようなものがある．

①　浸透作用……水の表面張力を弱くし，水が繊維に浸透しやすくする．

②　乳化作用……分子の親油基は油汚れと，親水基は水の分子に引かれ，汚れを包み込んだ形にし，本来混ざり合わない油と水を乳化して水中に浮かす．

③　分散作用……水中に浮いた汚れは，さらに分割されて，水中に分散する．

洗剤には，固形，粉末，液体など，また弱アルカリ性，中性などの各種があり（表10・1），いずれも界面活性剤を主としているが，これに洗浄力増強剤（ゼオライト，炭酸塩，ケイ酸塩，酵素など）を加えたもの，白い布をさらに白く仕上げるための蛍光剤，また香料などを加えたものもある．一般に動植物から作る石けんと，主として石油を原料とする洗剤があり，後者を合成洗剤と呼んでいる．合成洗剤は界面活性剤が15％以上，純石けん分が3％以下なのに対して，石けんは純石けん分（脂肪酸塩）が50％以上で，界面活性剤が3％以下とされている．

表10・1　洗剤の分類

液　性	成　分	形　状	用　途
弱アルカリ性	石けん	粉末固形	綿，麻，レーヨン，合成繊維用
	合成洗剤	粉末液体	
中　性	合成洗剤	粉末液体	手，絹，おしゃれ着用

2.　電気洗濯機の洗濯方式

（1）　**渦巻き式**　洗濯槽の底面にあるパルセータ（回転羽根）が，毎分300〜400回転して水流を作る．この方式は，主として日本で発達したといわれる．短時間で洗浄効果も高いが，布がからまりやすいので，約3〜5秒ごとにパルセータの回転方向をかえる．

（2）　**かくはん式**　洗濯槽の底にある，3〜4枚の羽根のかくはん翼を，約120〜180°回転反復運動をさせて，揺り動かしながら洗濯をする方式である．アメリカで発達したといわれ，布地のからみは少ないが，洗濯時間が長くなる傾向がある．

（3）　**ドラム式**　主としてヨーロッパで普及し，日本ではコインランドリーなどで使用されていたが，近年は後述する洗濯乾燥機の普及にともない，一般家庭でも使われることが多くなった．内側に凸部のある回転ドラムの中で，布と洗剤溶液が落下しながら回転し，“たたき洗い”をするものである．布をいためず，少ない水

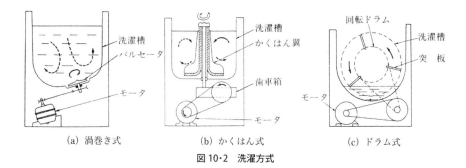

（a）渦巻き式　　　　　　　（b）かくはん式　　　　　　（c）ドラム式

図10·2　洗濯方式

で多くの布を洗濯できる．洗浄能力は渦巻き式，かくはん式に及ばないとされていたが，近年では違いは小さくなっている．外国では水の代わりに湯を使用している場合が多い．

3.　電気洗濯機の種類

わが国の電気洗濯機の普及率は 99 ％で，そのうち洗濯機と乾燥機の一体型が 41.9 ％を占めている（2014.3 内閣府調査）．従来の全自動洗濯機や二槽式洗濯機の使用率は年々低下し，洗濯機と乾燥機の一体化した洗濯乾燥機タイプに移行している．洗濯容量も 7kg から 8kg タイプの大型化が進んでいる．

洗濯機の機構により次の方式がある．

（1）　**全自動洗濯機**　洗濯・脱水槽と外槽の二重になっており，洗濯とすすぎの行程では，洗濯・脱水槽が固定されて動かないが，脱水の行程では，これが回転して脱水する．全自動では，マイコンや電気時計式のタイマがあり，これが水道からの給水弁，排水のための排水弁，パルセータおよび洗濯槽の回転を制御する．布の重さや排水の汚れの程度をセンサが感知して，給水・洗濯・排水・すすぎ・脱水の行程を決めるものもあり，図10·3 はその一例である．

給水	洗 い	排水	脱水	給水	すすぎ	排水	脱水	給水	すすぎ	排水	脱水	ブザー
2.5	11	2.5	2	2.5	3	2	2	3	3	2	5	約20秒

最大約41分

〔注〕　水圧 1.5kg/cm² の場合を示す．水圧が低くなると給水時間が長くなる．

図10·3　全自動洗濯機のプログラム例

（**2**）　**2槽式洗濯機**　洗濯と脱水を同時に二つの槽で行えるという利点がある．誘導電動機を使ってパルセータの回転時間と方向を自動的にかえる．"強"で約10秒間，"弱"で3〜4秒間の回転をしては1〜2秒間の休止を繰り返すものが多い．脱水槽の回転中にふたを開けて洗濯物を取り出そうとして，手に洗濯物がからまって骨折するなどの事例が報告されている．脱水槽が完全に停止してから，洗濯物を取り出すよう注意が必要である．

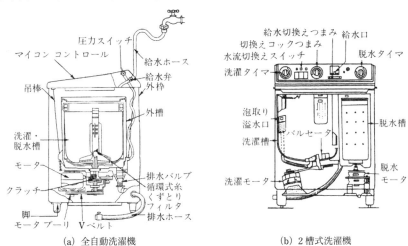

(a) 全自動洗濯機　　　　　　　(b) 2槽式洗濯機

図 10·4　全自動洗濯機と2槽式洗濯機

（**3**）　**洗濯乾燥機**　洗濯乾燥機は，洗濯機の機能と乾燥機の機能をあわせもつ機種である．洗濯方式としては，ななめ横形の洗濯槽を回転させ"たたき洗い"をするドラム式と，洗濯槽が縦形で主に"かくはん洗い"をする縦形式がある．

　ドラム式は，前述したように縦形に比べて大幅に節水でき，特に皮脂汚れに効果を発揮する．縦形は洗濯物同士をこすりあわせて汚れを落とすので，泥などの固形汚れに効果を発揮するが，衣類のいたみやからみがドラム式よりもやや多い．

　乾燥方式としては，ヒートポンプ乾燥方式とヒータ乾燥方式がある．前者は，除湿機による乾燥と同様で，ヒートポンプを利用して効率よく熱交換ができるので，省エネルギーに効果的である．ヒータ式はドライヤーで乾燥させるように熱風乾燥させるので，消費電力が多く，衣類のいたみや縮みがおきやすい（ヒートポンプについては後述．P.110 参照）．

||||||||||||||||||||||||||||||||||||||||| 省エネルギーの視点 |||||||||||||||||||||||||||||||||||||||||

　洗濯乾燥機は，洗濯と乾燥の作業を自動的に連続して行うから，衣類はあらかじめ適宜小さい網袋などに小分けにして入れておいた方がよい．

4.　衣類乾燥機

　衣類乾燥機は欧米で普及率が高く，米国では洗濯機数の70％をこえている．わが国でも，冬の短い日照，物干し場のせまい建築事情などから急速に普及している（2000年の普及率は21.7％）．

（1）　**衣類乾燥機の種類**　衣類乾燥機は，排気の処理の方法によって排気形と除湿形の二つがあり，排気形は高温の水蒸気を排気管（ダクト）で室外に出すもので，病院や旅館などに使われている．一般の家庭では除湿形が多く使われており，これは水蒸気を冷却して水に凝縮し，水を機外に出す方式でノーダクト形またはドラム形などとも呼ばれている．

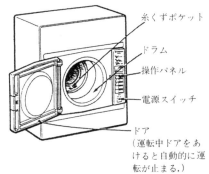

図10·5　衣類乾燥機の外観〔(株)日立製作所〕

（2）　**衣類乾燥機のしくみと働き**　図10·5のドラムの奥には，図10·6（b）のようなファン（熱交換器）がある．ドラム内の高温高湿の水蒸気がファンの内側にふれると，ファンは冷たいので凝縮され水滴となり，水滴は下部の排水口に集めら

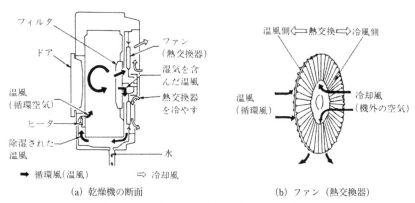

(a) 乾燥機の断面　　　　　　　　　　(b) ファン（熱交換器）

図10·6　除湿形衣類乾燥機のしくみ〔(株)日立製作所〕

れる．ファンの外側は室外の空気を流入し
ながら，自らをつねに冷却させている．水
は洗濯機などを経て下水に流される．

　衣類乾燥機の働きは，まず洗濯物を入れ
て電源を入れると，ヒータによってドラム
内は 30 ～ 35℃に温度が上昇し，衣類から
水蒸気が発生する．ヒータの熱は蒸発（気
化）のために使われるので温度はほぼ一定
で，これ以上は上昇しない．衣類が乾燥す

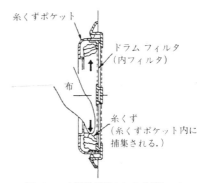

図 10・7　衣類乾燥機の糸くずポケット

ると，もはや蒸発熱（気化熱）をうばうものがなくなるから，ドラム内の温度は急
上昇し，40℃ぐらいになると，サーモスタットが働き自動的に電源を切る．

　乾燥が終わっているのに衣類を入れたまま運転させておくと，熱に弱い合成繊維
などは，いたむことがある．また，ドラム内に糸くずなどがたまると，フィルタを
通る熱風が通りにくくなるので，効率が著しく落ちる．フィルタの掃除を怠らない
ことは，きわめて重要である（図 10・7）．

|||||||||||||||||||||||||||||||||||||||| 省エネルギーの視点 ||||||||||||||||||||||||||||||||||||||||
　上記のほか，消費電力量を少なくするには，洗濯物を十分に脱水してから乾燥機
に入れる，小分けに乾燥するより 1 度にまとめて乾燥すること（ただし適量をこえ
ない程度）などが効果的である．

5. 脱水機の脱水度

　脱水機は遠心力を利用しているが，遠心
力 F〔kg〕は次のように表される．

$$F = KWRN^2$$

ここで，W：洗濯物（水）の重さ〔kg〕

　　　　R：脱水槽の半径〔cm〕

　　　　N：脱水槽の回転数〔rpm〕

　　　　K：定数（0.0000112）

回転数が高いほど（N は 800 ～ 1000 rpm
ぐらい），脱水槽の内径が大きいものほど，

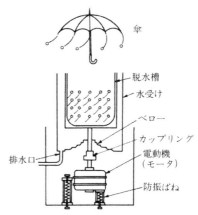

図 10・8　脱水機（遠心脱水機）

遠心力は大きく脱水時間も短い.

脱水槽の中の洗濯物にかたよりがあると，回転軸もかたよって脱水槽が周囲の水受けに当たり，所定の回転速度にならない.

絞り度　絞り度〔％〕は，JIS C 9606 によって，次のように決められている.

$$絞り度 = \frac{乾燥布の質量（kg）}{絞り後の布の質量（kg）} \times 100 〔\%〕$$

遠心脱水式のものは，JIS によれば，3 分間運転して絞り度が 40％以上でなければならない.

|||||||||||||||||||||||||||||||||| 省エネルギーの視点 ||||||||||||||||||||||||||||||||||||

洗濯物はまとめて一度に洗うようにする．洗濯物の量は洗濯機の容量の 80％程度が最も省エネルギーである．洗剤は適量を守り（適量以上にしても洗浄力はかわらず，すすぎに時間がかかる）お風呂の残り湯を利用することなども省エネルギーにつながる.

10・2　掃　除　機

掃除機は，回転羽根の回転による遠心力によって空気を外に排出し，その背圧を利用してごみを吸い込むもので，背圧による機内の圧力が外の空気よりも低いほど，よく吸い込む．ダニの捕獲なども考慮して，吸込み仕事率の高いものが作られている.

1.　掃除機のしくみ

吸込み性能をあげるには，図 10・10 において，回転羽根によって空気を外にはじき出す遠心力を大きくしなければならないが，遠心力は次式のように示される.

遠心力の大きさ $\propto$ 質量 × 円運動の半径 × (回転数)^2

空気の質量（したがって重さ）は，きわめて小さいし，回転羽根の径もあまり大きくするわけにはいかないので，遠心力を大きくするには回転数を高くするよりほかにない．したがって，回転羽根は毎秒約 300 回転もする高速のファンが使用され，ファンによって外周に押し出された空気は，図 10・11 のように固定されている案内羽根に入り，これを通過して電動機を冷却しながら排気口に向かう．吸込み口で流入する空気の風速は，ふつう 50 ～ 60 m/ 秒ぐらいである.

(a) シリンダ形〔東芝ライフスタイル株式会社〕　(b) サイクロン形〔東芝ライフスタイル株式会社〕

図 10・9　掃除機

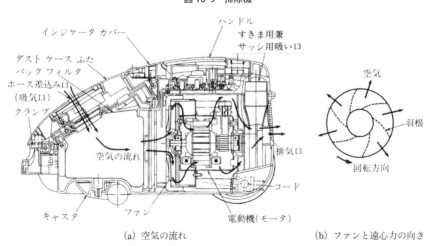

(a) 空気の流れ　　　　　　　　　　　　　(b) ファンと遠心力の向き

図 10・10　吸気口までの空気の流れ遠心力の向き〔(株)日立製作所〕

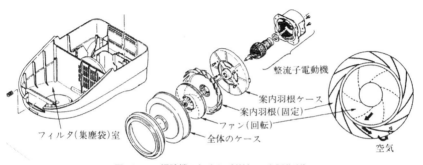

図 10・11　掃除機のしくみ〔(株)日立製作所〕

2．集塵袋

集塵袋は，ごみをとらえるという役目と，空気の流れを阻害しないという二律背反の使命を負わされている．集塵袋にごみがたまると，空気の流通は悪くなり，電動機は負荷が増し，回転速度は低下し，吸い込む風量も少なくなるから，それだけ電動機を冷却する空気も少なくなるという悪循環になる．したがって，ごみは多くならないうちに早めに捨てたほうが効率もよいし，機械のためにもよく，電力消費も小さい．集塵袋には，ネットと濾（ろ）紙を二重にしたものや，紙袋式のものなどが使われている．

一方，次に説明する吸込み仕事率を上げて，例えば，"粒子の半径が 0.5μm 以下の微細な塵を 99.9％以上捕塵する"ためには，むしろ集塵袋は使用せず，後述するサイクロン形掃除機の使用が効果的である．

3．吸込み仕事率

掃除機の吸込み性能は，一般に掃除機の吸込み仕事率，および吸い口の物理的な形状という二つの要因に依存する．

吸込み仕事率の計算法は，JIS（C 9108, 2009）によって規定されているが，その値は掃除機内と大気圧との圧力差，すなわち真空度と掃除機内を吹き抜ける風の量（吸込み風量という）との積に比例する．

吸込み仕事率（air data）の測定は，掃除機の吸い口を外して図 10・12（a）のような測定装置に接続する．電源を入れて掃除機の温度がほぼ一定になるまで連続運

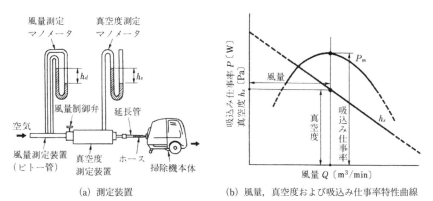

(a) 測定装置 　　　　　　　(b) 風量，真空度および吸込み仕事率特性曲線

図 10・12　吸込み仕事率の測定〔(株) 日立製作所〕

転したあと，風量制御弁を調整して，風量を変化させ，マノメータによって風量と
真空度を測定し，次式による計算値から同図（b）のような吸込み仕事率曲線を描
き，曲線の最大値 P_m〔W〕をとって吸込み仕事率とする．

$P = 0.01666 \times Q \times h_s$〔W〕

ここで，P：吸込み仕事率　　　Q：風量〔m³/min〕　　　h_s：真空度〔Pa〕

||||||||||||||||||||||||||||||||| 省エネルギーの視点 |||||||||||||||||||||||||||||||||

　上述の集塵袋の掃除のほか，フィルタおよび吸込み口の掃除，ホースに空気漏れ
のないよう点検すること，あらかじめ部屋を片付けておき一気に掃除機を掛けられ
るようにすること，カーテンは"弱"で掛けるなどパワーを上手に使い分けること
などがあげられる．

4．サイクロン形掃除機

　コーン状の筒の中で空気を回転させ，遠心力によって空気とゴミを分離するもの
で，イギリスのダイソンが掃除機に応用した．そのダイソン社の掃除機は遠心分離
だけでほこりをほぼ完璧に分離してきれいな空気を排出する．わずかに取りこぼし
たほこりは，後段のフィルターでこし取る仕組みである．

　他社のサイクロン方式と呼ばれる機種では，蛇腹になったフィルターを使用する
などして効率を上げ，フィルターの塵を自動的に叩き落として，吸込仕事率を落ち
にくくしている機種もある．サイクロン形掃除機は，紙パックを必要としないとい
う点では経済的である．

5．家庭用掃除ロボット

　2002年9月にiRobot社は，ルンバというロボット型掃除機（自律型掃除機）を
開発した．従来のようにブラシでごみをかきだすのではなく，特殊素材のローラー
でごみを浮き上がらせ，小型のハイパワーモータが生み出す気流で，ルンバ内部に
真空状態を作り出し吸い込む機構である．ふだんの掃除では手が回らないベッド
やソファの下や椅子やテーブルの脚まわり，ほこりのたまりやすい壁ぎわも，ボタ
ンひとつ押すだけで自動的に掃除をする．センサが壁との距離を測って最適なポジ
ションで走行し，テーブルの脚まわりもエッジクリーニングブラシが沿うように掃
除したり，家具の多い部屋やごみや汚れが多い場所ではセンサーがきれいになった
と判断するまで，前後のブラッシング動作で集中的に清掃する．また，掃除完了ま

たはバッテリー残量が少なくなると，自動的にホームベースの位置に戻り，すぐに充電を開始し，次の掃除に備えることができるよう待機する．

10·3　食器洗い乾燥機

　家族 5 人で毎食 5 枚の皿や茶わんを使うとすれば，1 年間には 2 万 7375 枚を洗うことになり，食器洗いに費やされている時間と労働力は大きい．食器洗い機は，自動的に洗浄，すすぎ，乾燥をするもので，欧米での普及率は高いが，わが国の普及率は 23.4 ％にとどまっている（図 10·13；調査 2012 年）．

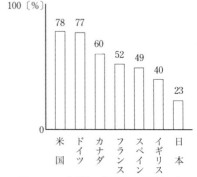

図 10·13　食器洗い乾燥機の国別普及率

　家庭用では，60 〜 80℃の湯がヒータで作られ，噴射によって汚れを落とし，水と湯ですすぎ，熱風乾燥をするので殺菌にも役立っている．手洗いの場合には，湯を使ったとしてもそれはほぼ 40℃以下であり，食器洗い機のように約 60 〜 80℃という高温のすぐれた洗浄力は得られない．このため，同じ量の食器を洗うのに食器洗い機の使用する水の量は，手で洗う場合の約 3 分の 1 ですみ，節水にも役立っている．

　食器洗い機は，回転の速いモータ（約 3500 rpm くらい）を用いて強力なポンプ

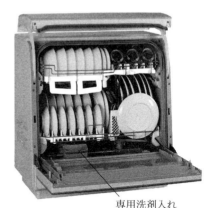

専用洗剤入れ

図 10·14　食器洗い乾燥機

を使用し，シャワーを上下のノズルから噴射させるようにし，約 600 〜 800 kW のヒータで作られた高温の湯が食器に噴射される．したがって，高温に不適な塗り物，漆器などの食器を洗う場合は，温度を下げるなどの注意が必要である．

　表 10·2 は，食器洗い乾燥機の洗浄，すすぎ，乾燥の動作順序を示した一例である．小形の食器洗い機には，ノズルが下段のみのものもある．

表10・2　食器洗い乾燥機の行程の例

自動コース	食器の状態	行程内容					目安時間 (合計)
		予洗い (水)	本洗い (温水)	水 すすぎ	温水 すすぎ	乾燥 (標準)	
標　準	普通の汚れのとき (軽い油汚れ, ごはん粒など)	3分	26分	6分	31分	20分	約86分
強　力	中華料理など油汚れの ひどいとき	24分	36分	6分	31分	20分	約117

10・4　冷　蔵　庫

1.　冷凍と冷凍サイクル

冷凍には次のような方法がある.

①　氷による方法：1gの氷が水になるときの融解熱, 約80kcal/gの利用.

②　ドライアイスによる方法：1gのドライアイスが昇華して炭酸ガスになるときの約137kcal/gの利用.

③　アンモニアによる方法：1gのアンモニアが蒸発（気化）してアンモニアガスになるときの約327kcal/gの利用.

熱がそれぞれ周囲からうばわれ, 周囲の物体を冷凍する. アルコールを手に付けると冷たく感じるが, これはアルコールが蒸発するときに, 手から蒸発熱（気化熱）をうばうからである. もしこれがある容器内で行われ, 蒸発したアルコールを再び集めて液化することができるとしたら, もう一度そのアルコール（冷媒）を冷却用に使うことができるであろう. 上述の③は, このような繰返しがしやすいものである.

フランスのカルノー（*Carnot*；*1796-1832*）は, 図10・15に示すように, 等温的に膨張（A→B）させ, 次に断熱的に膨張させて温度を上げ（B→C）, さらにこの温度で等温的に圧縮（C→D）し, 最後にもう一度断熱的に圧縮（D→A）すれば可逆的なサイクルができ, このようなサイクルは熱効率が等しくかつ大きいこと

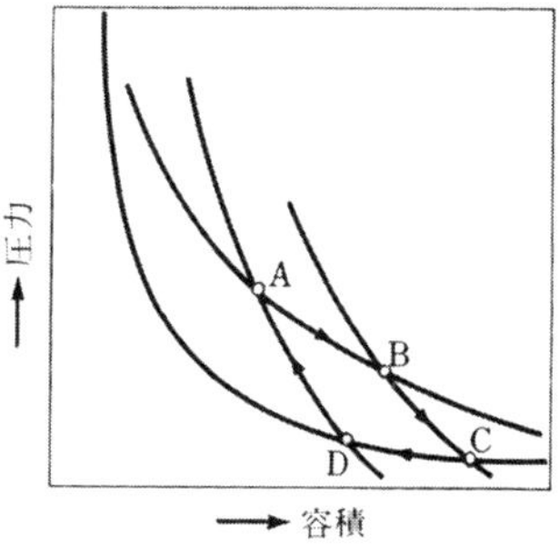

図10・15　カルノーの可逆サイクル

を明らかにした.

　一般に，液体は熱を加えるかまたは圧力を下げるかによって気化し，気体は圧力を高くし，温度を下げることによって液化させることができるので，冷蔵庫には圧縮式と吸収式とがある．圧縮式は電気冷蔵庫で，その冷媒としては，アルコールよりも揮発性のあるフロンガス（フロン12の沸点は –29.8℃）を使い，これを電動機に直結の圧縮ポンプで圧縮する．一方吸収式はガス冷蔵庫で，冷媒としてアンモニア（沸点は –33.5℃）と水を使用し，これを約20気圧で封入しておき，ガスバーナで加熱すると，アンモニアガスが発生し，その圧力は高く，放熱してアンモニアが液化する．液化した冷媒を庫内の蒸発器（エバポレータまたは冷却器）内で蒸発させて，庫内を冷却する．液体の冷媒を蒸発させ，そのうばわれる熱を利用して庫内を冷却するしくみは，圧縮式も吸収式も同じである．吸収式冷蔵庫の熱源には，都市ガスやプロパンガスが使われるが，電熱を利用する吸収式電気冷蔵庫もある．吸収式は，圧縮器や電動機を使わないから静かである．

2.　電気冷蔵庫のしくみ

　図 10・16 のように，断熱材で密閉された冷蔵庫内の上部には，熱伝導のよいアルミ合金で作られた蒸発器 ① があり，この中で冷媒は蒸発し，庫内の熱をうばう．気体になった冷媒は，電動機と直結した圧縮器 ② に送られて圧縮され，約80℃の高温・高圧のガスとなって冷蔵庫の裏側，または周囲の凝縮器（放熱器ともい

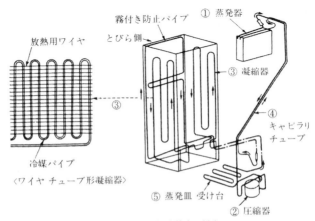

図 10・16　電気冷蔵庫の働き

う）③に送り込まれ，放熱（空冷による）して液化する．液化した冷媒の温度は約40℃で，室温よりもやや高めであるが，圧力は非常に高く，これを直接に蒸発器に送ったのでは効率のよい蒸発が行われないので，その前に内径が0.5〜1.0mmという毛細管のキャピラリチューブ④の中を通らせて圧力を下げ，蒸発器に送られる．

放熱する凝縮器は，冷蔵庫の裏側に露出して取り付けられるが，図10・16のように，冷蔵庫の側面全部を利用して凝縮器を広げ，これを本体のなかに設置しているものもある．

凝縮器はその放熱を利用して除霜させ，また，除霜水を受ける蒸発皿⑤の下部で水を蒸発させるのにも利用されている．

3. 冷蔵庫内の温度

冷蔵庫には，冷気を庫内で自然対流させる方式と，強制循環させるタイプとがあるが，両者とも冷凍が上部，冷蔵は下部で，例えば庫内温度は図10・17のようになっている．冷凍室はJISによって，冷凍室の容積が100l当たり4.5kg以上の食品を24時間以内に−18℃以下に凍結できるものと規定されている．

およその庫内温度は，水を100ml くらい入れたコップに温度計を入れ，庫内の棚の中央に置き，2〜3時間後にすばやく測ることができる．庫内の温度調節ダイヤル（強・普通・弱）をかえて，夏と冬とで冷却温度を加減することが望ましい．

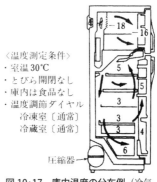

〈温度測定条件〉
・室温30℃
・とびら開閉なし
・庫内は食品なし
・温度調節ダイヤル
　冷凍室〔通常〕
　冷蔵室〔通常〕

圧縮器

図10・17 庫内温度の分布例（冷気強制循環方式，数字は温度を示す）

|||||||||| 省エネルギーの視点 ||||||||||

熱気の少ない場所に，風通しがよいように設置する．食品を格納する際は，扉の開閉を極力減らし，熱いものは冷ましてからしまう．また，あまりたくさん詰め込まないようにする．ドアパッキングを点検して扉が完全に密閉されている状態を保つことも大切である．

ヒートポンプとエアコンディショナ

1.　ヒートポンプ

　家庭で使われている冷暖房のエアコンはヒートポンプ方式によっているが，この
ほか，ヒートポンプは，都市排熱や河川水と大気との温度差による熱を利用した地
域集中冷暖房などにも利用されている．

　井戸で水を汲み上げるように，すでに存在している熱を目的のところに集約し，
移動して利用する方法は，あらたに熱を発生させて利用するよりも，はるかに経
済的な場合が多い．図 10·18 は，1kW の電気ストーブを 1 時間使用した場合と，
1kW のモータで運転されているエアコン（冷暖房式）を 1 時間運転した場合の比
較である．前者のヒータが発生する熱量は 1 時間に約 860 kcal であるが，エアコ
ンは約 3 倍のエネルギー，すなわち約 2600 kcal を発生する．同じ部屋を同じ電力
1kW で暖房するのに，後者の方がはるかに省エネルギーであることはいうまでも
ない．この場合に重要なことは，エアコンは 2600 kcal の熱を自ら発生したのでは
なくて，室外の熱を集めてこれを室内に集約して運んだにすぎないということであ
る．運ぶためには，冷媒（例えばフロンガス）の圧縮と蒸発というシステムを使わ
なければならないが，それを可能にさせているのは圧縮器で，その圧縮器を運転し
ているのは電動機であり，電動機が 1 時間に消費した電力は 1kW にすぎないとい
うことである．

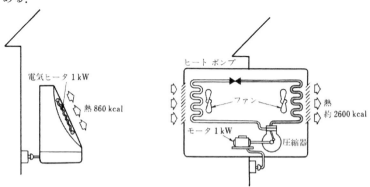

　　（a）電熱ヒータで得られる熱エネルギー　　　（b）ヒートポンプで得られる熱エネルギー
図 10·18　伝熱とヒートポンプの比較〔東京電力（株）〕

　図 10·19 は，エアコンを冷房〔同図 (a)〕と暖房〔同図 (b)〕に使った場合を示している．冷房の場合は冷蔵庫と同じで，室内機の蒸発器は冷却しており，私たちは，その冷気をとって涼しくなっているが，同時に蒸発器は，人の体温や室内の暖かい空気から熱をもらって熱を集めていることになる．一方，エアコンの室外機には圧縮器があり，圧縮によって凝縮器は高温になっており，これを室外の空気でファンが自然冷却している．いいかえれば，凝縮器は熱を室外の空気に与えて，外気を暖めていることになる．つまり，人の体温や室内の空気がもっていた熱は，エアコンを通して室外に運ばれ，ポンプのように汲み出されたことになり，ヒートポンプといわれるわけである．これはエアコンによる暖房の場合も同じで，暖房の場合は室外の熱を集約，運搬して室内に送ったことになり，運搬者はわずか 1kW のモータにすぎないが，その運んだ熱は，1kW の電気ストーブが発生した熱の約 3 倍にも達している．

　冬季の暖房は，屋外が寒く，エアコンは 0℃ の外気からも熱をうばうことができるのかと疑問に思われようが，フロンの蒸発温度は約 −29.8℃ だから，外気が 0℃ であっても十分にエアコンは働き，室内暖房ができるわけである．

　ヒートポンプ方式は身近な自然界の熱源を利用しており，省エネルギーの最も効果的な方法の一つとして，今後さらに発展が期待されるものである．

　地域冷暖房システム　ヒートポンプ方式を応用して，河川の水から熱を取り入

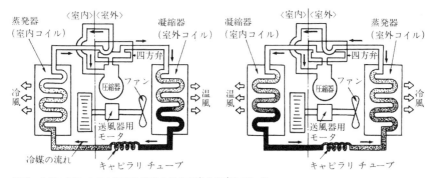

〔注〕　冷媒の流れの点の粗密は冷媒の圧力の高さを表している

　　(a) 冷房運転のときの冷媒の流れ　　　　　(b) 暖房運転のときの冷媒の流れ

図 10·19　ヒートポンプのしくみ

れ，地域ぐるみの冷房や暖房が行われている．河川からだけではなく，清掃工場や一般の工場，ビルの照明，人体，生活排水からの熱を使い，地域のオフィスやホテルなどの冷暖房に利用する例が多くなっている（14・3節参照）．

2.　エアコンディショナ

エアコンは年間約600万台が国内に出荷（1990年度）されているが，冷房専用は約30％で，冷暖房兼用は約70％となっている．兼用では図10・19のように，冷媒の流れる通路を四方弁という切換え弁をかえるだけで冷暖房のどちらかに簡単にかえられる．

エアコンは大別して，① ウインド形と② 壁掛け形があり，前者は室内ユニットと室外ユニットが一体に，後者は室内外にセパレート形として設置してある．セパレート形の場合，室内機と室外機をつないでいる配管は，フロンの高圧ガスが流れる金属管と，逆方向に気化したあとの低圧のフロンガスが流れる金属管と，冷房のときに室内の湿気が露になり，水滴になるので，その水を室外に導くための水管（ビニル製）の計3本の管が必要であり，これらが幅広のビニルテープで巻かれ，1本にまとめられて，家の壁を通して室内外機を結んでいる．

エアコンはインバータによって，交流の周波数が30〜150Hzにかえられ，冷暖房のはじめは高い周波数の高速回転で急速に冷暖房し，設定温度に近づくと徐々に低速運転するようになっている（8・2節のインバータの項参照）．

3.　使用後の機器の廃棄について

エアコン等に活用されている冷媒は，二酸化炭素と同様に大気中に放出するとオゾン層を破壊する原因となるので，地球温暖化への影響を最小限にするため，製造時から廃棄時点まで，冷媒を大気中に放出しないことが求められる．家庭で空調機器の冷え方が悪い時は，冷媒が漏れているかもしれないので，専門の業者に修理を依頼する必要がある．

また，エアコンや冷蔵庫等は"家電リサイクル法"の対象製品で，廃棄するときは販売店や専門業者に料金を払って回収させ，冷媒を適切に処理し廃棄させる責任がある．

‖‖‖‖‖‖‖‖‖‖‖‖‖‖‖‖‖‖‖‖‖‖‖‖‖‖‖ 省エネルギーの視点 ‖‖‖‖‖‖‖‖‖‖‖‖‖‖‖‖‖‖‖‖‖‖‖‖‖‖‖

エアコンの省エネルギー方策としては，上記のインバータ方式によるほか，温度

設定を控えめにすること，カーテン，カーペットなどで断熱性を向上させること，2週間に1度はエアフィルタを清掃すること，また冷房中の室外機は日よけをすることなどがあげられる.

11章 電気の光への変換（照明）

11・1 照度基準と照明方式

1. 光

　光は電磁波の一種であり，空気・水・ガラスなどの媒質中を伝わるが，その波長[*1]の違いによって異なる性質を示す．図11・1は電磁波の分類を示したものであるが，可視光線の波長は約 380 〜 760 nm[*2] であり，太陽光には可視光線のほか，視認できない紫外線や赤外線なども含まれている．

　ろうそくの光や白熱電球からの光は，高温のフィラメントから放射されている電磁波によるもので，これを**温度放射**（または熱放射）という．温度放射では，物体（黒体）の温度が高いほど放射エネルギー（放射強度）が大きい．一方，蛍光ランプが発している光は，温度放射によるものではなく，後述するように原子の励起現象など，原子の内部で電気エネルギーが電磁波に置き換えられて出てきたもので，これをルミネセン

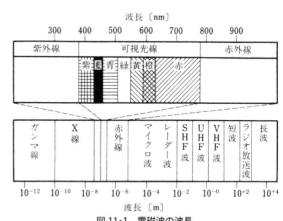

図 11・1　電磁波の波長

[*1]　光の周波数を τ〔Hz〕は，波長 λ〔m〕，光速を c とすると，次の関係がある．

$c = \tau\lambda$（ただし，真空中の c は約 3×10^8 m / s である）

[*2]　nm（ナノメータ）；$1\,\mathrm{nm} = 1 \times 10^9$〔m〕$= 10\,\text{Å}$（オングストローム）

スといい，両者は放射機構が異なっている．

2.　明るさの単位と照度基準

"明るい"という言葉は，いろいろに使われるが，"100 W の電球が 60 W の電球よりも明るい"という場合は，前者の方が電球から発する光の量，すなわち光束が大きいことを意味し，また"電灯からの距離が遠いほど暗い"というのは，場所の明るさ，すなわち照度を意味しており，室内の明るさなど住宅の照度基準は JIS で示されている（表 11・1）．

明るさに関する用語には，つぎのような単位が使われる．

①　光束（単位 lm；ルーメン）……可視光線の範囲内で光源から単位時間に放射される光の量．例えば 100 W の白熱電球は約 1520 lm，30 W の蛍光ランプ（白色）は約 1770 lm である．

②　光度（単位 cd；カンデラ）……単位立体角内に放射される光束，光の強さ．

③　照度（単位 lx；ルクス）……光源によって，ある場所が照らされているとき，その単位面積当たりの入射する光束，1 lx は $1 m^2$ の面上に 1 lm の光束が平均して落ちているときの場所の明るさ（入射光束の面積密度）．

④　輝度（単位 cd/m^2, nt；ニト）……光の発散面から観測方向へ向かう単位投射面積当たりの光度．$1 m^2$ の光度が 1 cd のとき，その輝度（かがやき）は 1 nt である．

⑤　光束発散度（単位 $1 m/m^2$）……単位面積当たりに発散されている光束．物の光束発散度は受ける照度とその物質の反射率に依存する．

⑥　ランプ効率（単位 lm/W）……これは光の単位ではなく，明るさの経済性

表 11・1　住宅の照度基準（JIS Z 9110 より抜粋）

照度範囲〔lx〕	作業内容
2000 ～ 700	手芸† 裁縫
700 ～ 300	勉強† 読書† 化粧† ひげそり† 洗面† 食卓† 調理台† 電話† 玄関などの鏡
300 ～ 150	団らん† 娯楽† 洗濯† 床の間† 流し台† パーティー†
150 ～ 70	戸だな† 居間 応接間 座敷 浴室 玄関 便所
70 ～ 30	庭（テラス） 表札† 郵便受け†

〔注〕　†印は局部照明で可

を示す値．電力を光に変換する効率で，ランプの全光束をその消費電力で割った値．例えば，40 W の蛍光ランプの全光束は約 3100 lm であるから，ランプ効率は［3100/40 = 77.5 lm/W］である．

　⑦　配光曲線……図 11・2 のように，光源から出ている光が，どの方向（この図の場合は下向き）にどれだけの強さで出ているかを表した曲線．

3．照明方式

　照明方式には，図 11・3 のように器具の種類や取付け方法によって配光がなされるが，方式としては，直接・半直接・全般拡散・半間接・間接の 5 種類に分けられる．直接照明は仕事面を直接照射するから効率が高く，同じ照度を得るのに最も経済的である．間接照明は，ほぼ天井全体が光源になるので，光源が広くなり，まぶしさが減少し，一様な照度が得られる．

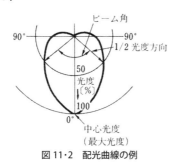

図 11・2　配光曲線の例

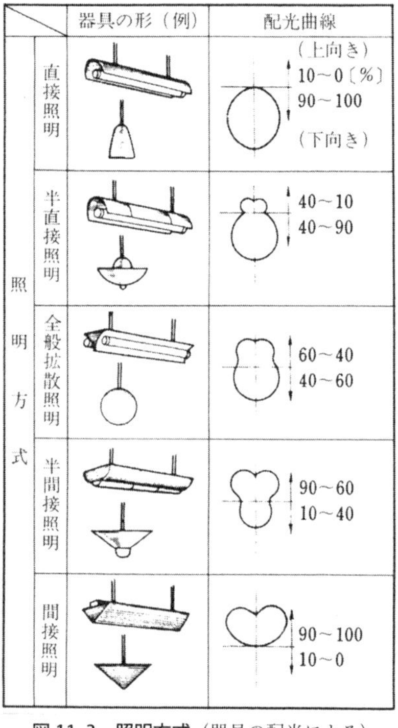

	器具の形（例）	配光曲線
照明方式	直接照明	（上向き）10〜0〔%〕 90〜100（下向き）
	半直接照明	40〜10 40〜90
	全般拡散照明	60〜40 40〜60
	半間接照明	90〜60 10〜40
	間接照明	90〜100 10〜0

図 11・3　照明方式（器具の配光による）

11・2　ランプの種類

　照明の光源として使用されているランプには，大別して高温のフィラメントからの直接の発光を利用する白熱電球やハロゲン電球などと，気体の放電などによる発光を利用する蛍光ランプや HID ランプとがある．HID ランプは水銀灯やナトリウ

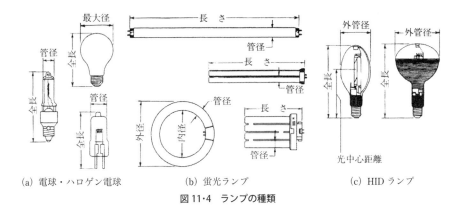

(a) 電球・ハロゲン電球　　　　　(b) 蛍光ランプ　　　　　(c) HID ランプ

図 11・4　ランプの種類

ムランプなどで，ランプ効率のきわめて高いものがあり，それぞれに明るさを増し，演色性を改善し，かつ省エネルギーの工夫がなされている．

1. 電　　球

電球には，ガラスが透明なもの，つや消しのもの，また形が球状のボール電球や投光をよくした反射形電球，細長いシャンデリア電球などがある．また，かがやきを増し，寿命を長くしたハロゲン（ヨウ素）電球，暖房用の赤外線電球などがある．これらの電球は電流の熱作用を利用しているため，電灯数を多くするほど天井に熱気がこもるので，シャンデリアや講堂の天井などでは，この熱を除去するダクトなどの設置が必要である．

2. 白熱電球の構造

白熱電球のフィラメントには，融点の高いタングステン線が使われている．またガラス球は，まぶしさを感じるために内側にシリカ粒子の膜（白色拡散膜）を塗ってつや消しにし，かがやきを適度に感じさせている．しかし逆に，透明のままでかがやきを強調したクリアタイプのものもある．

エジソンの発明による白熱電球の中は，初めは真空であったが，真空ではタングステンの蒸発がさかんで寿命も短いので，1913 年にラングミュ

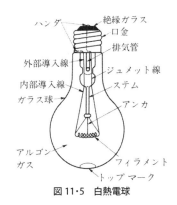

図 11・5　白熱電球

アは，窒素を封入してガス入りとし，圧力を上げてフィラメントの蒸発を防いだ．しかし，窒素を入れると管内に対流を生じ，ガスはフィラメントの熱を周囲のガラス管球に伝えて，フィラメントの温度を低下させ，明るさを減じる結果となった．

　現在では，熱効率のすぐれたアルゴンを窒素の代わりに使用し，また，フィラメントは二重コイル形として，ある程度の熱をうばわれても，なお高温を保つような構造としている．

　ボール電球は直径を大きく球形にしたものにすぎないが，フィラメントの温度を下げて柔らかい感じの光が得られ，まぶしさがなく，寿命も一般電球の約2倍になっている．

3．白熱電球の明るさ

　白熱電球の明るさは，従来，その電球が点灯時に消費する電力の大きさ（ワット）で示していたが，現在では，電球が発生する光の総量を示す全光束の大きさ（ルーメン）で表している．これは，電球からの距離や照らし方が変わっても，明るさの性能を示す光の量は変わらないからである．

　ルーメンは，電球そのものの明るさを表す"絶対値"である．例えば，表11・2において，従来40ワット形の電球の全光束は（明るさ）は，485ルーメンである．

表11・2　明るさの目安（電球の比較）

電　力（ワット）	20W形	30W形	40W形	60W形	100W形
全光束（ルーメン）	170	325	485	810	1520

4．ハロゲン電球

　ハロゲン電球は，図11・6のように白熱電球の中にハロゲン（ヨウ素や臭素）を封入したものである．白熱電球の短所は，タングステンのフィラメントから蒸発したタングステン（W）がガラス管球の内側に付着して黒化させ，光の透過を妨げることである．管内に

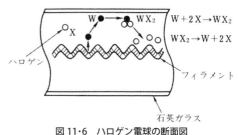

$$W + 2X \rightarrow WX_2$$
$$WX_2 \rightarrow W + 2X$$

図11・6　ハロゲン電球の断面図

ハロゲン（ヨウ素や臭素）があるとタングステンは管壁の近く（250℃以上）でハロゲンと化合し，ハロゲン化タングステン（WX$_2$）となって管内に浮遊し，フィラメント付近でタングステンは解離して，元のフィラメントにもどる．したがってハロゲン電球はフィラメントの消耗が少なく，管壁も黒化せず，いつまでも最初の明るさが保たれ，ランプ効率は一般電球に比べて 20 ～ 30 ％高く，また寿命は約 2 倍である．ただし，ガラス管はかなり高温になるので，じかに手でふれてはならない．

11·3　蛍　光　灯

1.　放電現象と放電管

　蛍光灯や広告に使われるネオン管や，強い光を出す HID〔High-Intensity-Discharge（高輝度高出力）〕ランプ，殺菌灯などは，気体の放電現象を利用したものである．図 11·7（a）のように，両端に電極をもつガラス管の中の空気を真空ポンプで抜いて，電極間に直流の高い電圧を加えると，管内には青紫色のグローを生じる．これは，（−）の電極の表面から飛び出した電子が（＋）の電極に引かれて管内を走行する途中で，管内に残っている空気の原子と衝突し，原子を励起（excitation）の状態にさせるからで，励起状態の原子がもとの原子にもどるときに，その原子特有の周波数をもった光（電磁波）が外に出るからである．これに青紫色の可視光線が含まれている．同図（b）は励起の状態にある原子のモデル図であるが，原子核のまわりにはたくさんの電子が回っている．管内の負電極から 1 個の電子が飛び出して原子に衝突し，衝突エネルギーを原子に与えて正の電極に去ったとする．この原子の周りを回っていた電子の一つは衝突エネルギーを受けて，これまでに回っていた軌

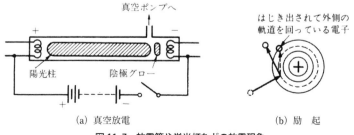

(a) 真空放電　　　　　　　　　　(b) 励　起

図 11·7　放電管や蛍光灯などの放電現象

道（図中の点線の円）よりも外側の軌道に移っている．このような状態を**励起**というが，励起の状態は不安定で，ふつう 10^{-8} 秒くらいのきわめて短い時間しか続かず，電子は再びもとの軌道に復帰する．外側の軌道から内側のもとの軌道に電子がもどる場合に，内側の方がエネルギー準位は低いので，電子はエネルギーを捨てることになり，このエネルギーが一定の周波数をもつ光（電磁波）となって外部に出る．このときのエネルギーの大きさは，次のように示される．

エネルギー＝（プランクの常数）×（光の周波数）

蛍光ランプの管の中は水銀蒸気で，水銀原子が励起の状態からもとに復帰するときに放出するエネルギーはきわめて大きく，したがって上の式から，周波数が高く，短い波長の光，すなわち紫外線が出る．ネオンサインなどに使われるネオン・ヘリウム・アルゴンなどでは，エネルギーは水銀の場合よりも小さく，したがって波長の長い可視光線となって出る．なお，ネオンサインの電極間には，ネオントランスによってつくられた高い交流電圧が加えられる．交流では強い光の出る陽光柱が電極の両方に交互に出るから，放電管の全体が明るい．

2.　蛍光ランプの発光

蛍光ランプの管内には，水銀とアルゴンガスが封入されており，両端の電極に高電圧が加えられると，まずアルゴンによって放電が生じ，その放電による熱によって水銀が蒸発し，この水銀蒸気に電子が衝突すると，水銀原子は励起して紫外線を生じる．紫外線が管壁の蛍光物質に当たると，図 11·8 のように，励起により二次

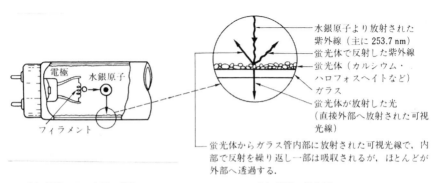

（a）放電による水銀の蒸発　　　　　（b）管壁の拡大図

図 11·8　蛍光ランプの発光〔(株)日立製作所〕

的に可視光線がガラス管を通して出る．蛍光物質にはカルシウム・ハロフォスヘイトを主とし，そのほかにマグネシウム・カリウム・ベリリウムなどの希土類が使用され，その配合によって白色や昼光色がつくられる．また管内の紫外線が外に出ないように，ガラス管には紫外線を通さない軟質のガラスが使われている．

3. 高演色蛍光ランプ

　従来からの蛍光ランプが放射している光の分布は，図11·9 ①のような形であるのに対して，同図②のように特殊な蛍光物質を配合し，とくに青・緑・赤の三つの波長域の光を強めて白色光を形成するようにした三波長形がある．三波長形の蛍光ランプは高演色蛍光ランプともいわれ，白色をつくる方式がテレビ画面の白をつくるのと似ており，色の見え方もあざやかである．またこの方式によれば，紫外線から可視光線にかえる効率も

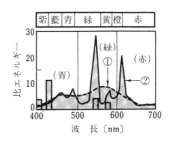

① 一般蛍光ランプ
② 三波長形蛍光ランプ
図 11·9　三波長形蛍光ランプと一般蛍光ランプとの分光分布

高く，明るさは一般のものに比べて30〜40％も明るくなり，演色性がすぐれており，刺し身・野菜・果物などがより自然に美しく見える．わが国の高演色蛍光ランプの普及率（家庭用）は，約75％となっている（1992年度）．

4. 蛍光ランプの点灯方式

　蛍光ランプの点灯方式は，① スタータ形，② ラピッドスタート形，③ 高周波（インバータ）形が主流になっている．わが国の高周波形の普及はめざましく，蛍光灯スタンドは，ほとんど高周波形が製造されている（1994年度）．

　(1) スタータ形の点灯回路　図11·10において，スイッチを入れると電源電圧は点灯管に加えられ，まず点灯管が放電し，その熱によって点灯管内のバイメタル電極が湾曲して接点が閉じ，蛍光ランプのフィラメントに電流が流れ，加熱されて熱電子が放射される．放電の終わった点灯管内の

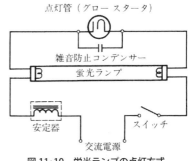

**図 11·10　蛍光ランプの点灯方式
（スタータ形の点灯回路）**

バイメタルは冷却し，もとにもどって接点がひらく．その瞬間に，安定器に生じた高電圧によって蛍光ランプが点灯する．スイッチは，消灯のためのスイッチの役も兼ねている．

　押しボタンスイッチやプルスイッチによって点灯するものは，人間がこの点灯管の働きを手動で行っている．

（2）　ラピッドスタート形の点灯回路　ラピッドスタート形は，約1秒程度で点灯する．図11・11において，スイッチを入れるとフィラメントに電流が流れる．加熱が始まると同時に，ランプの両端には，磁気漏れ変圧器による高電圧が加わる．

すると，フィラメントの加熱が進んで約800℃になり，熱電子の放出が盛んになってランプが点灯する．

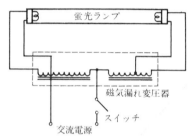

　点灯に当たっては放電始動用の補助体が必要であり，補助体には器具が代用するものと，蛍光ランプ自体に塗着してあるものとの2種類がある．ラピッド形の蛍光ランプは，点灯管（スタータ）式の器具では使用できない．

図11・11　蛍光ランプの点灯方式
（ラピッドスタート形の点灯回路）

（3）　高周波（インバータ）の蛍光灯　蛍光灯スタンドや電車・自動車などのランプには，インバータ方式による蛍光灯が多く使われている．蛍光ランプの両端に加える電圧の周波数を高くすると，放電の陽光柱の部分が長くなり，ランプの発光効率が20％ほどよくなる．インバータ方式では50/60 Hzの交流電源から直流をつくり，直流からトランジスタ回路で40～50 kHzの高周波電圧をつくり，これを蛍光ランプの両極に加える．これによる利点は，① ランプの発光量が10～20％ふえる，② ちらつきが生じない，③ 安定器がないので，うなるなどの音がしない，④ 50 Hzと60 Hz用の器具が共用できるので引越しに不便がない（インバータについては8・2節参照）．

図11・12　高周波（インバータ式）
の蛍光スタンド

11・4	その他の放電管

1. 殺　菌　灯

　殺菌灯は，直接に紫外線を外に導いて殺菌に利用するもので，管は硬質の石英ガラスで作られ，紫外線をよく通す[*3]．水銀の励起による紫外線は，主として253.7 nm であり，ほぼあらゆる菌種に有効に働き[*4]，とくに空気や水，物の表面の殺菌に効果的なことから，調理室や食品保管室に広く利用されている．しかし殺菌線を直接目に当てないように，その器具は床面から約2 m 以上の高さに設置し，反射がさを上向きに取り付ける必要がある．

2. HID ランプ

　HID ランプは，水銀灯や高圧ナトリウムランプ，ハライドランプなどで，蛍光ランプと同様に放電による発光である．庭園・道路・商店・事務所・工場などに広く使用されている．ランプ効率はナトリウムランプで120，ハライドランプは 90 など，きわめて高く，演色性も改善され，蛍光ランプに劣らない白色も出せるようになり，消費電力も少ないので経済的である．

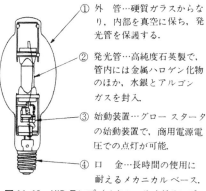

① 外　管…硬質ガラスからなり，内部を真空に保ち，発光管を保護する．

② 発光管…高純度石英製で，管内には金属ハロゲン化物のほか，水銀とアルゴンガスを封入．

③ 始動装置…グロースタータの始動装置で，商用電源電圧での点灯が可能．

④ 口　金…長時間の使用に耐えるメカニカルベース．

図 11・13　HID ランプ（メタルハライドランプの構造例）

|||||||||||||||||||||||||||||||| 省エネルギーの視点 ||||||||||||||||||||||||||||||||

　蛍光灯（特にインバータ式）は白熱電球よりも効率が高いので，ランプの種類はうまく使い分けるようにする．部屋の広さにふさわしい照明器具を選ぶことも電気をむだにしない工夫である．照明効果を上げるには，天井や壁などの色調を明るくしたり，ランプ・器具をこまめに清掃すること，また，古くなって明るさの減少

[*3]　ふつうのガラスは，350～390 nm の光を通し，硬質ガラスでは 300 nm まで通すが，250 nm 付近の光は通さない．石英や水晶は，約 200 nm まで通すが，雲母は 260 nm くらいまでである．

[*4]　一般の殺菌線は約 200～280 nm ぐらいである．

した蛍光ランプは早めに交換することなどがある．さらに，現在の蛍光ランプは点灯・消灯を繰り返しても十分長持ちするので，不要な照明はこまめに消灯したほうが省エネルギーである．

11·5　LED 照明

　発光ダイオード（**LED, Light Emitting Diode**）は，半導体を用いた pn 接合と呼ばれる構造で作られ，内部の電子がもつエネルギーを直接光エネルギーに変換することで発光するものである．

　現在の LED 照明は，青色，赤色，緑色（光の三原色）の発光ダイオードを用いることにより，あらゆる色の照明が可能となっている．しかし，開発が始まった当初の 1960 年代には，赤色・緑色の発光ダイオードは実現していたものの，青色の開発は遅れ，成功したのは 1989 年のことである．青色 LED の基盤技術は，2014 年にノーベル物理学賞を授賞した日本人 3 名のうちの赤崎勇，天野浩により開発され，中村修二はその発光性能を飛躍的に向上させ実用化に道をひらいた．その後，LED による白色光照明の実用化が進み，局所照明を中心に普及している．また，青色または紫外線を発する発光ダイオードの表面に蛍光塗料を塗布することで，白色や電球色などといった様々な中間色の発光ダイオードも製造されている．LED は，電気を直接光に変えるので，エネルギー損失が少なく，省エネ照明として家庭にも浸透し始めている．

1.　発光ダイオードの発光原理

　図 11·14 のように，p 型半導体と n 型半導体を接合し，p 型に正の電圧を，n 型に負の電圧を加えると，正孔（ホール）と電子は，お互いに他の側に侵入し，p 型から n 型に電流が流れる．しかし，逆向きの電圧を加えると，電流は流れない．このように，シリコンダイオードには交流の電圧を加えると一方向にのみ電流が流れる**整流作用**がある．

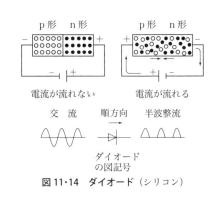

図 11·14　ダイオード（シリコン）

これに対し，発光ダイオードは，2種類以上の元素を加えたものが使われ，Ga（ガリウム）を主体に As（砒素），P（リン），Al（アルミニウム）等が用いられる．この化合物半導体の pn 接合に順方向の電圧を加えると，ダイオードと同じように n 型半導体からは電子が p 型半導体へ，p 型半導体からは正孔が n 型半導体へ拡散して行き，それぞれの領域で電子と正孔は再結合し，このとき一部のエネルギーは光となって半導体の外部に放出される．

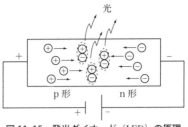

図 11·15　発光ダイオード（LED）の原理

　構造的には，**砲弾形 LED** では，p 型と n 型の半導体を接合し，電圧を加えるための電極を透明な樹脂で覆っている．**表面実装形**は，基板上の中心に LED チップを配置し，上部はリフレクターで囲われ，その中心部の LED チップは樹脂で覆われ，表面は平らになっている．

　放出される光の波長は材料によって決まり，単一色であるが赤外線領域から可視光線領域，紫外線領域まで様々な発光が得られる．その代表的な色別の材料を表 11·3 に示す．

　LED は，蛍光灯や白熱灯などと異なり特殊なもの以外は紫外線や赤外線を含まない光なの

表 11·3　発光ダイオードの色と用いられる材料

青	窒化ガリウム
赤	リン化ガリウム
黄	アルミニウム，インジウム，ガリウム，リン，
緑	アルミニウム，インジウム，ガリウム，リン
橙	アルミニウム，インジウム，ガリウム，リン
紫外線	インジウム，窒化ガリウム
赤外線	アルミニウム，ガリウム，ヒ素

図 11·16　砲弾形 LED 原理図

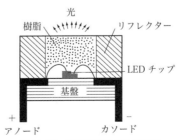

図 11·17　表面実装形 LED 原理図

で，紫外線に敏感な文化財・芸術作品や，熱照射を嫌う照明に用いられる．

照明に用いた場合は，点灯と同時に最大光量が得られ，構造が簡単なため大量生産も可能で，価格は赤色 LED で 1 個 5 円から 10 円ほどであり，電球と違いフィラメントを使わないため軽量で衝撃に強く，長寿命で故障しにくい．

2．LED の点灯回路

(1) LED の直列回路（LED1 個の場合） LED に定格以上の電圧や電流が加わると壊れるので，抵抗を入れて定格以上の電圧や電流が加わらないようにする．回路に入れる抵抗の値は次式により求めることができる．

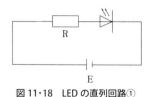

図 11・18　LED の直列回路①

$$R\,(\Omega) = \frac{電源電圧(E)-LEDの定格電圧}{LEDの定格電流} \quad\cdots\cdots\cdots\cdots\cdots\cdots\cdots\cdots\cdots\cdots\cdots\cdots\quad 式①$$

ここで，使用する LED の定格電圧が 3 〜 3.6V，定格電流を 20mA とし，電源に 6V を加える場合を考えると

$$R\,(\Omega) = \frac{6\,\mathrm{V}-3\,\mathrm{V}}{0.02} = 150\,\Omega$$

次に，この 150Ω の抵抗の定格電力を求める．

抵抗 R の定格電力は，次式により求めることができる．

$$\mathrm{W} = （電源電圧-LEDの定格電圧）\times 定格電流 \cdots\cdots\cdots\cdots\cdots\cdots\cdots\cdots\quad 式②$$

したがって

$$(6\,\mathrm{V}-3\,\mathrm{V}) \times 0.02\,\mathrm{A} = 0.06\,\mathrm{W}$$

利用する抵抗の W 数は，安全を考慮し，計算値の 2 倍以上とする．ここでは，0.06W × 2 = 0.12W 以上を選ぶ．なお抵抗の定格電力表示は 1/8W（0.125W）や 1/4W（0.25W）のように，1W 以下の場合は分数で表記されているので，この例では LED に 20mA 流すには抵抗は 150Ω，抵抗の定格電力として 1/8W を用いる．

(2) LED の直列回路（LED3 個の場合） 図 11・19 のように，3 個の LED を直列に接続する場合の抵抗の値は，電源電圧が 18V，LED の定格電圧が 3V，定格電流が 20mA とすると，LED を 3 個直列に接続しているから，定格電圧は 3V×3 ＝ 9V であり，式①より

$$R\ (\Omega) = \frac{18\,\text{V}-9\,\text{V}}{0.02} = 450\,\Omega$$

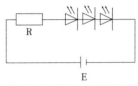

図 11・19　LED の直列回路 ②

この 450Ω の定格電力を求めると，式②より

$$W = (18\,\text{V}-9\,\text{V}) \times 0.02\,\text{A} = 0.18\,\text{W}$$

1/4（0.25）W の容量の抵抗を使う.

ただし直列接続では，どれか一つの LED が故障すると，全ての LED が点灯しなくなる欠点がある.

（3）**LED の並列回路**　抵抗と並列につないだ LED とを接続する場合（図 11・20）と，抵抗と LED をつないだ回路を並列接続する場合（図 11・21）がある.

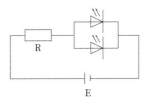

図 11・20　LED の並列回路 ①

前者の場合は抵抗が一つで済むが，LED の順方向電圧のばらつきで明るさが LED によって異なることがある.

後者の場合は LED の個数が増えると抵抗の本数も増えるが明るさに差は生じない.

どちらも，必要な電源電圧は 1 つの LED を点灯させる場合と変わらず，直列の場合に比べ必要な電流が多くなる.

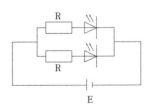

図 11・21　LED の並列回路 ②

また，交流電源で LED を点灯させるときは，交流電源ではマイナス方向の電圧も加わる. 逆方向電圧が加わると LED が壊れるので，その場合には LED と並列に，逆方向に整流用ダイオードを接続して逆電圧を逃がすようにする.

（4）　**定電流ダイオード（CRD, CurrentRegulativeDiode）**　定電流ダイオードは，抵抗器の代わりに電圧が安定しない回路でも定格電流を流すことができるので，数10mA レベルの回路では，使用するとよい.

（5）　**部屋の広さと LED の明るさの関係**　LED 電球や LED 照明の明るさを表す指標には，白熱電球と同様に，従来から目安として用いられてきたワット（W）数ではなく，ルーメン（lm）を使う. ルーメンは，光源から放たれたすべての光の明るさである"光束"の量を表す単位である. 日本照明工業会では"部屋の畳数

×400 lm" という計算方法を使う．その
ガイドラインでは白熱電球 30 W 形相当
は，LED 電球 325 lm 以上となっている
（p118，表 11·2 参照）．

　また LED シーリングライト（天井電
源コンセントに直接取り付けるタイプの
照明器具）の適用畳数は，6 畳間は 2700
〜 3700 lm，10 畳間は 3900 〜 4900 lm が
適当としている．

　（6）　LED 蛍光灯　蛍光灯（蛍光管）
に類似した LED 照明で，蛍光灯と同じ
ような形状の直管型や円管型などの内部
に LED 素子を配置して作られている．

　普通の蛍光灯の安定器やグローランプ
などが必要ない．LED 蛍光灯は，瞬時
点灯が可能で，ガラスを使っていないの
で，蛍光灯や白熱灯のように割れて破片
が飛び散る心配もなく，水銀も含まれて
いないため廃棄もしやすい．LED 蛍光

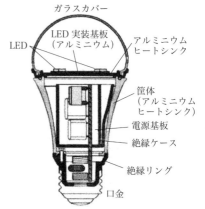

図 11·22　LED 電球の構造
〔シャープ株式会社〕

図 11·23　LED 蛍光灯
〔株式会社　電費半分〕

灯は蛍光管に比べて単価は高いが，寿命が長く，電力消費や発熱が少なく省エネに
役立ちトータルのコストでは安価となる．LED 蛍光灯の寿命は数万時間とされ交
換なしで 10 年以上使える．欠点としては，普通の蛍光管は全方向に光を発するが，
LED 蛍光灯では片面に LED 素子を並べているため光に指向性があり特定の方向を
照らすため，用途により照明機器を選ぶ必要がある．

　消費電力が白熱電球の 10 分の 1，低発熱で，CO_2 の排出量が少なく，低温でも
発光効率が変わらない．

　最近従来の蛍光灯器具に LED 蛍光管をそのまま取り付けられるものがでてきた
が，取り付ける器具本体の劣化が心配されており，安全面から利用は避けたい．

12章 電子機器

12・1　テープレコーダと IC レコーダ

　磁石に一度くぎをつけると，くぎは離しても残留磁気現象によって磁気を保ち，また長い鉄線の一部に磁石をつけると，部分磁化現象によって，磁石を付けたところだけ，その強さに応じて部分的に磁気が保たれる．磁気録音に使われる磁気テープは，その表面に塗られている鉄の細かい粒子の一粒一粒がくぎだと考えてもよい．

　一般にテープレコーダは，磁気録音と磁気再生の二つの機能を兼用する磁気ヘッド1個と，すでに録音されているものや雑音を消去するための消去ヘッド1個の計2個のヘッドを備えている．

1.　録　音

　ヘッドは小さい円形の電磁石でできており，図12・1のように磁石の先端のギャップに接してテープが移動するようになっている．テープは，アセテートやポリエステルのフィルムベースの上に酸化鉄や二酸化クロムなどの細かい粒子が塗られており，これを磁性層ともいう．"録音"の場合は，磁性層の細かい一粒一粒の粒子が電磁石のギャップの先端を通る間に磁化され，残留

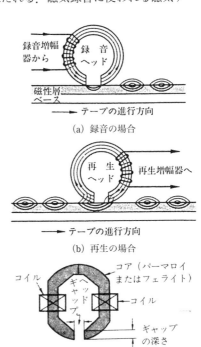

(a) 録音の場合

(b) 再生の場合

(c) ヘッドの構造

図 12・1　テープレコーダのヘッド[3]

磁気としてテープに残る．ギャップの先端付近が最も磁界が強く，ギャップヘッドの間隔が狭いほど高周波特性がよいので，ギャップヘッドの間隔は 1 〜 10 ミクロン（1 ミクロンは 1/1000 mm）と狭く精密に作られている．これに対し消去ヘッドは，高周波特性には関係がないので，ギャップヘッドの間隔は約 200 ミクロンと大きくなっている．

2． 再 生

電磁石を“再生”ヘッド用に切り換えた場合は，録音されているテープが電磁石のギャップに接して動くと，電磁石は磁化されているテープからギャップの部分で磁界を受け，鉄芯内にもそれに応じて変化する磁束を生じる．磁束が変化すると電磁石に巻かれているコイルには，電磁誘導作用によって起電力（電圧）が生じ，これが増幅器に送られ，スピーカで音にかわる．テープから得られる電圧はきわめて小さいものであるから，再生のための増幅器は約 1 万倍にも増幅する必要がある．

この場合，テープとヘッドは密着していないと雑音を生じたりするので，ヘッドは常に清浄に保ち，またヘッドに磁石や鉄の金具類（例えばドライバ）などを触れないようにすべきである．

テープスピードと再生特性　テープの速度は，テープの大きさ，使用目的によって国際的にそれぞれ最高周波数に応じられるよう規定されているが，カセットレコーダのテープスピードは 4.8 cm/ 秒に統一され，再生時の周波数特性は 30 〜 15000 Hz である．

$$最高周波数 = \frac{テープのスピード〔cm/秒〕}{ヘッドのギャップ〔ミクロン〕} = 10^4 〔Hz〕$$

3． IC レコーダ

現在では，録音や再生には，磁気テープよりもフラッシュメモリなどの IC（集積回路）が一般に用いられている．この IC に音声を記録する電子機器が **IC レコーダ**で，ディジタルボイスレコーダともいう．IC レコーダーはマイクを内蔵し，音声をディジタル信号に変換し，内蔵した半導体メモリにデータとして保存する．

IC レコーダは，録音するだけでなく再生する機能もあり，携帯に向くよう小型化されている．テープへの録音式と比較すると，繰り返し録音や再生をしてもディジタルデータであるため音質は劣化せず，テープのように巻き戻す必要もなく再生

しやすい．また，モーターやギアなどの稼動部がないので静かで衝撃に強い.

　このようにICレコーダーは，小型で機械的なトラブルも少ないので，会議や講演などの録音に適している．また，取材記者がインタビュー時に手に持って差し出していたり，演壇に置いたりしている場面がよく見受けられる.

12・2　ビデオテープレコーダ（VTR：video tape recorder）

　VTRの録画・再生の方式は，テープレコーダと同じ磁気記録であるが，VTRが異なる点は，音声のほかに映像を記録することである．映像にはテレビ放送やビデオカメラが撮った映像があり，これらの映像信号はともに1秒間に30コマという速さで送られるから，VTRも音声周波数の200倍も高い周波数を使い，周波数帯域の幅も広くしなければならない.

　プレーヤは図12・2のように，音声ヘッドのほかに映像（ビデオ）ヘッドがある．映像の磁気記録は情報量が多いので，飛越し走査用も含めて図12・3（a）のように，2個のビデオヘッドが直径62mmのドラムの円周上で毎秒30回転す

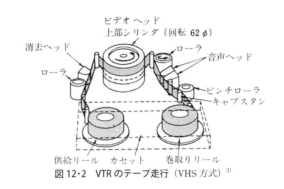

図12・2　VTRのテープ走行（VHS方式）[3)]

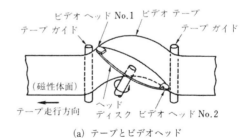

（a）テープとビデオヘッド

（b）テープパターン

図12・3　映像信号の記録（テープとビデオヘッドの関係）

る．同図（b）のようにヘッドが半周するごとに1本のビデオトラックに対して1フィールドの映像信号が斜めに磁気記録される．画像のちらつきを少なくさせるため，テレビと同様の方式によって1コマの映像を2枚の画像で完成させるように飛越し走査され，1秒間に60枚（60フィールド）の信号が送られる．

映像を記録するために，二つのビデオヘッドを取り付けたドラムが高速回転するが，ビデオヘッドは，そのギャップが10分の数ミクロンときわめて小さく，しかも精密なもので，これとテープの接触具合によって解像度や画面の美しさが影響される．ビデオヘッドも，またテープ自身も湿気やほこりによって摩耗しやすいので，湿気やほこりの少ないところでの保管が必要である．ビデオヘッドの目詰りによって，再生画面にノイズが多い場合には，クリーニングが必要である．

12·3　ビデオカメラ

1.　VTR一体形のビデオカメラ

磁気テープを用いたVTR一体形のビデオカメラは，それ以前に使われていた8mmカメラに比べて，記録した映像をすぐ再生できること，1巻き当たりの記録（録画）時間が長いこと，テープ代が安価なこと，記録（現像や乾燥など）に要する費用が不要なことなどから，広く一般家庭に普及した．

ビデオカメラの主要部は，光学カメラでとらえた光の信号を電気信号にかえることであり，具体的には被写体からの光を赤・青・緑の三原色に分けて，色の電気信号に変換したあと，それを混合して，ビデオに記録できる明暗を表す輝度信号と，色彩を表す赤と青の色差信号を送り出すしくみになっている．光を電気信号に変換するには，初期には撮像管が使われていたが，現在は固定撮像素子が使われている．これは独立した超微小の光電変換素子を平面に並べた構造のものであり，構造によって**CCD**（charge coupled divice：電荷転送素子）と**MOS**（metal oxide semiconductor：金属酸化物半導体）の2方式があるが，前者が広く利用されている．

ビデオカメラには，たいていズームレンズが使われ，レンズを動かすズーミングには小形の電動機が使用されている．また光学カメラと同様で，被写体までの距離にピントを合わせるフォーカシング機構としては，赤外線方式，TCL（through camera lens）方式，ピエゾ方式などが使われている．赤外線方式はカメラから赤

外線を被写体に向けて発射し，被写体までの距離を測定するが，TCL 方式では，測距用のレンズから 2 個の CCD アレーに受ける光の位相差を検出してピント情報を得ている．

2.　ディジタルビデオカメラ

　録音機器と同様，映像機器に関しても，現在ではフラッシュメモリにディジタルデータとして記録するディジタル方式が一般的である．ディジタルビデオカメラは，映像や音声をディジタルデータとして記録するので，編集などのためのパソコンへの転送もすべてディジタル信号で行われ
る．そのため従来のアナログ方式のビデオのように編集や複製の過程で画質が劣化することがない．また，動画を気軽に素人でも撮影することができるように，"手ぶれ補正"などの機能もついている．さらに，ハイビジョン画質や
4K 画質で撮影できる機種もある．

図 12·4　ディジタルビデオカメラ

12·4　光ディスク

1.　コンパクトディスク（CD：compact disc）

　レコードやテープレコーダは，レコード針やテープレコーダの磁気ヘッドがとらえた音の信号をそのまま電気信号にかえ，これをスピーカがそのまま音にするアナログ方式のものである．これに対して CD は，音声を 44.1 kHz のサンプリング周波数に輪切り（サンプリング）にして，アナログの音声を "0" と "1" の組合わせ信号に置き換えるディジタル方式によっている．ディジタル方式は周波数特性がすぐれ，ひずみなども少ない（現在の CD は，世界的にオランダのフィリップス社とソニーの共同開発による方式によっている）．

2.　CD の構造

　CD のディスク表面には，ピットと呼ばれる超微細な突起部にディジタル信号がきざみ込まれている．ピットの深さは，0.1 ミクロンの超微細なもので，その大きさや長さ，およびピットの有無によって信号がかわり，これに照射されたレーザ光線が信号を再生するようになっている．レーザ光線による再生は，レコードとは反

対にディスクの内側から始まって外側に向かっている．したがってCDは，図12・5のように，内側からリードイン（曲数・演奏時間・アドレスなどが記録されている）部分，プログラム領域およびリードアウト（プログラム終了の情報が入れてある）部分の三つからなっている．

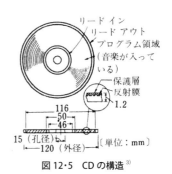

図 12・5　CD の構造[3]

3. CD プレーヤ

CDのディスク表面から信号を読み取るには，図12・6のように，半導体レーザを光源とするレーザ光線がディスクの下から照射される．ピットから反射した光線は，ビームスプリッタで方向をかえられ，フォトダイオードの受光部にいたり，ここで光の変化が電圧の変化にかえられる．変化する電圧

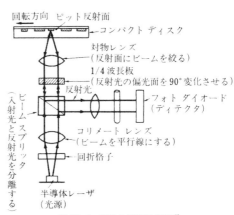

図 12・6　信号の読取り機構[3]

は増幅器で増幅され，スピーカで音に変換される．

CDはテープレコーダやVTRのように，テープを直接磁気ヘッドに接触させるようなことがなく，ディスクには単に光線が当たるだけであるからディスクの表面をいためない．したがって長期間，使用できることになる．しかし，ピットは超精密加工がされており，その表面は保護膜で守られてはいるが，指紋やほこりがつくと雑音や音飛びの原因になるので，高温・高湿・直射日光を避けて取り扱い，保管に注意が必要である．

4. DVD・ブルーレイディスクとそのレコーダ

CDに対して，DVD（digital versatile disc）は第2世代，ブルーレイディスク（Blu-ray Disc；BD）は第3世代光ディスクと呼ばれるメディアで，使用するレ

コーダも基本的には別の機器を使う.

　DVD は, ディスクの形状や記録・読取方式は CD とほぼ同じだが, 赤いレーザー光線を用い, 記録容量が CD の 700MB（メガバイト）に対して約6倍の 4.7GB（ギガバイト）もあり CD では不可能だった長時間映像の録画もできる.

　ブルーレイディスク（BD）は, 青紫色半導体レーザーを使用する. DVD に比べて圧倒的に容量が大きく, BD は片面 25GB の容量があり, 記録できるデータ量や録画時間も長い. そのため, 録画した映像は鮮明で, 音声もよりクリアに収録することができ, DVD では表現し切れなかった高品質の映像や音声を楽しむことが可能になった.

　DVD レコーダで BD の再生・録画はできないが, BD レコーダは, DVD とも互換性があり BD と DVD の両方を再生・録画することできる. BD と DVD とも, データの書き換えは可能であるが, どちらも約 1000 回程度とされている. ディスクとしての寿命は, BD, DVD とも約 10 年〜 20 年程度とされている.

12·5　ファックス（fax）

ファックス（fax）は, ラテン語の fac simile（写し撮る）の略であるが, ほとんど世界中で fax で意味が通じている. fax は文字・図形・写真などを電気信号にかえて遠隔地に電送し, 相似の記録を得るものである. わが国では 1972 年に電気通信法が改正されて, 電話網の利用が可能となり, また端末機の性能や技術が向上して急激に家庭にも普及した. 現在では外国への通信にも使われ, 料金も安くなっている.

通信方式は白黒テレビの画像を有線で送るのと同じであり, 図 12·8 のように, まず平面の画像を一次元の線の情報にかえるため, 原画像の多数の微細な画素を走査し, 例えば円筒に巻き付けた原稿を円筒の回転と光学台の移動などで走査する. 走査によって各画素の濃淡を示す電気信

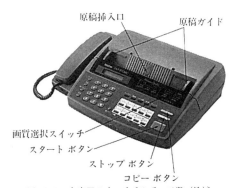

図 12·7　**家庭用の fax**〔ブラザー工業（株）〕

号は，黒い部分は "1" で白い部分は "0" というようにディジタル信号にかえて，振幅変調あるいは周波数変調されて電話回線などによって伝送される．受信側ではこれを受信し復調して，信号に応じて送信側と同様の走査を行って二次元画像を再生する．再生には静電記録・感熱記録があるが，感熱紙は信号に応じて半導体の接合部が発熱するので，その熱を利用して画素の元の明暗を再現し，白黒の画像を印刷する．また受信側で相似の画像を得るためには，送信走査と受信走査の速度と位相を合わせるための同期が必要であり，これには電源を利用する電源同期と，画像の信号と同時に別に同期信号を送るようにする方式がとられている．

テレビは，動く画像を毎秒 30 枚も送らなければならないので，1 チャンネル当たり 60 MHz の帯域を必要とするが，fax は動かない 1 枚の画像をゆっくり送るので数 kHz の帯域で十分であり，電話回線が使われるわけである．電話線には光ケーブルが使われ，fax 付きの電話機が普及している．

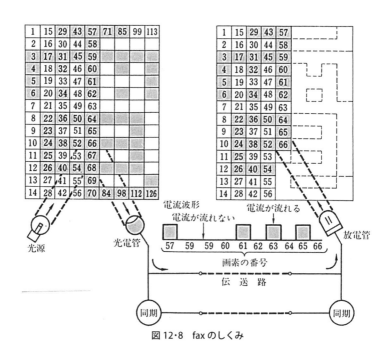

図 12・8　fax のしくみ

13章 屋内配線

13·1 送電・配電・周波数

1. 送電と配電

電気を送る線には，送電線，配電線，引込線および屋内配線がある．

(1) 送電線 送電線は発電所から変電所までの電線路で，標準電圧としては，三相交流の1万，2万，3万，6万，7万，11万，15万，22万，27万，50万 V があり，送電方式には鉄塔を使った架空方式と，ケーブルを使った地中方式がある．

送電線の電圧を高くする理由は，送電線に流れる電流と送電線自身の抵抗によって生ずる熱損失を小さくするために，〔電力＝電圧×電流〕の関係から，電流の大きさをできるだけ小さくして，しかも大きな電力を送りたいためである．しかし送電線の電圧を高くすると，大地に対して鉄塔の高さを高くし，電線を支える絶縁用の碍子（がいし）の絶縁の程度をさらに高くしなければならない．また，地中送電線の場合は埋設する地中ケーブルで，ケーブルの中の電線を包んでいる絶縁物の絶縁耐力をより高くしなければならない．地中送電線は都会地で普及しているが，建設費が高く，また地震などで事故現場の発見や修理が困難なこともある．したがって送電線の電圧を高くすることは，架空でも地中でも，風・雪・地震などの自然条件をも考慮して，特殊な絶縁材料でも発明されない限り，上記のような限界がある．

(2) 配電線 配電線は変電所から需要家にいたる電線路で，ふつう 6000 V の電圧が使われ，工場や鉄道に送られるが，一般家庭に対しては電圧が高すぎて，そのままでは使用できないから，柱上変圧器により 6000 V から 100 V または 200 V の電圧に下げて，引込線によって家庭に送られている．

2. 周　波　数

わが国の周波数は，静岡県富士川から新潟県糸魚川あたりを境にして，東側は50 Hz，西側は 60 Hz の地域になっている．これは明治初期，関東にはドイツから50 Hz，関西にはアメリカから 60 Hz の発電機が輸入されたことに起因している．表 13·1 は世界各国の配電電圧と周波数を示したものであるが，配電電圧が 100 Vで，同じ国内で二つ周波数を使用しているわが国の例は珍しい．プラグやコンセントの形状も，表 13·2 のようにヨーロッパ系とアメリカ系では異なっている．外国旅行や長期滞在，みやげなどで電気器具を購入するときは，電圧と周波数に注意が必要である．

家庭における国内の引越しなど，電気器具を周波数の異なる地域で使用する場合は，50/60 Hz 兼用の表示のあるものは，どちらで使用しても差しつかえないが，一方の周波数のみが表示されている器具を異なる周波数地域に移動したいときは，取扱いに留意しなければならない．

図 13·1　周波数分布と電力会社の供給区域

13・2	屋内配線の電圧と配線方式

わが国の配電電圧は，一般家庭に単相の 100/200 V，工場などの動力用には三相の 200 V が配線されている．

1.　単相 3 線式

図 13・2 のように，単相 2 線式は 100 V のみであるが，単相 3 線式は 100 V のほかに単相の 200 V が得られる．単相 200 V にはエアコンやクッキングヒータなど容量の大きい機器を使用するのに便利であり，200 V であれば，同じ電力に対して電流を 1/2 にすることができる．つまり電線の太さを大きくしなくても 100 V の場合の 2 倍の電力容量の機器を使用できる．

単相 3 線式では 3 本の電線の色を分けている場合が多く，接地されている中性線には白色が使われている[*1]．すなわち，赤と白および黒と白の 2 回線が 100 V，赤と黒の間が 200 V の 1 回線である．

単相 3 線式は，本来 4 本なければ送れないはずの 100 V の 2 回線を，図 13・3 (b)

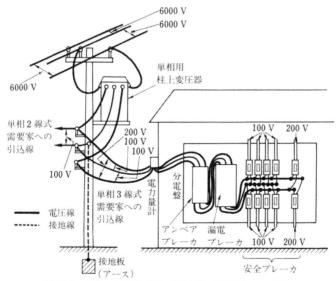

図 13・2　家庭への受電の流れ（引込線→電力量計→分電盤）

[*1]　一般に電線の色は赤・白・黒．白が中性線で，柱上変圧器のところで接地（アース）されている．

表13·1　諸外国の主要都市

国　名	都市名	交流周波数〔Hz〕	電圧〔V〕	相数	配電線数	他の都市の状況
ミャンマ連邦	ヤ ン ゴ ン	50	230/440	1,3	2,4	
カ ン ボ ジ ア	プ ノ ン ペ ン	50	220/380	1,3	2,4	120/208
中華人民共和国	北　　　京	50	220/380	1,3	2,4	
ホ ン コ ン	ホ ン コ ン	50	220/346	1,3	2,3,4	220/346
イ ン ド	ニ ュ ー デ リ ー	50	240/415	1,3	2,4	230/400
イ ン ド ネ シ ア	ジ ャ カ ル タ	50	220/380	1,3	2,4	127/220
イ ラ ン	テ ヘ ラ ン	50	220/380	1,3	2,4	
イ ラ ク	バ グ ダ ッ ド	50	220/380	1,3	2,4	
イ ス ラ エ ル	テ ル ア ビ ブ	50	230/400	1,3	2,4	
大 韓 民 国	ソ ウ ル	60	100/200 220/380	1,3	2,3,4	
朝鮮民主主義人民共和国	平　　　壌	60	220/380	1,3	2,3	
マ レ ー シ ア	クアラルンプール	50	240/415	1,3	2,4	
ネ パ ー ル	カ ト マ ン ズ	50	220/400	1,3	2,4	
パ キ ス タ ン	イスラマバード	50	230/400	1,3	2,3,4	
フ ィ リ ピ ン	マ ニ ラ	60	277/480	1,3	3	240/280
サウジアラビア	リ ヤ ド	60	127/220 220/380	1,3	2,3,4	
シ ン ガ ポ ー ル	シ ン ガ ポ ー ル	50	230/400	1,3	2,4	
ス リ ラ ン カ	コ ロ ン ボ	50	230/400	1,3	2,4	
シ リ ア	ダ マ ス カ ス	50	220/380	1,3	2,4	
台 湾	台 北	60	110/220 220/380	1,3	2,3,4	
タ イ	バ ン コ ク	50	220/380	1,3	2,3,4	
ト ル コ	ア ン カ ラ	50	220/380	1,3	2,3,4	
ベ ト ナ ム	サ イ ゴ ン	50	120/208 220/380	1,3	2,4	
ア ル ジ ェ リ ア	ア ル ジ ェ	50	127/220 220/380	1,3	2,4	
エ チ オ ピ ア	アジスアベバ	50	220/380	1,2,3	2,4	127/220
ケ ニ ア	ナ イ ロ ビ	50	240/415	1,3	2,4	
モ ロ ッ コ	ラ バ ト	50	115/200	1,3	2,4,5	220/380,127/220
南アフリカ共和国	ケ ー プ タ ウ ン	50	220/380	1,3	2,4	230/400,250/430 250/433
エ ジ プ ト	カ イ ロ	50	220/380	1,3	2,4	
オーストラリア	キャンベラ	50	240/415	1,3	2,3,4	240/415
ニュージーランド	ウェリントン	50	230/400	1,3	2,3,4	

〔注〕　1.　他都市欄の数値は電圧〔V〕.
　　　　2.　本表は諸外国の主要都市における住宅供給の電気方式を示したもの

における周波数, 電気方式 (World Voltage)

国　名	都　市　名	交流周波数〔Hz〕	電気方式 電圧〔V〕	相数	配電線数	他の都市の状況
南アメリカ アルゼンチン	ブエノスアイレス	50	220/380	1,3	2,4	
ブラジル	ブラジリア	60	220/380	1,3	2,3,4	127/220
チ　　　リ	サ　ン　チ　ア　ゴ	50	220/380	1,3	2,3,4	
コロンビア	ボ　ゴ　タ	60	120/208 150/260	1,3	2,3,4	
エクアドル	キ　　　ト	60	115/208 120/220	1,3	2,3,4	
ペ　ル　ー	リ　　　マ	60	220	1,3	2,3 2	
ベネズエラ	カ　ラ　カ　ス	60	120/240 120/208	1,3	2,3,4	
北アメリカ カ　ナ　ダ	オ　タ　ワ	60	120/240 120/208	1,3	2,3,4	
グァテマラ	グァテマラ	60	120/240	1,3	2,3,4	
メ　キ　シ　コ	メキシコシチー	50	127/220	1,3	2,3,4	
パ　ナ　マ	パ　ナ　マ	60	120/240 120/208	1,3	2,3,4	277/480
アメリカ	ワシントン	60	120/240 120/208	1,3	2,4	240/480,115/230 265/460
ヨーロッパ オーストリア	ウ　イ　ー　ン	50	220/380	1,3	2,4	127/220,230/400 3,4 2,4 4
ベ　ル　ギ　ー	ブリュッセル	50	220/380	1,3	2,3,4	
キ　プ　ロ　ス	ニ　コ　シ　ア	50	240/415	1,3	2,4	
チェコスロバキア	プ　ラ　ハ	50	220/380	1,3	2,3,4	
デ　ン　マ　ー　ク	コペンハーゲン	50	220/380	1,3	2,3,4	
フ　ラ　ン　ス	パ　　　リ	50	127/220 220/380	1,3	2,4	
ド　イ　ツ	ベ　ル　リ　ン	50	220/380	1,3	2,4	
ギ　リ　シ　ャ	ア　テ　ネ	50	220/380	1,3	2,4	
イ　タ　リ　ア	ロ　ー　マ	50	220/380	1,3	2,3,4	
オ　ラ　ン　ダ	ハ　ー　グ	50	220/380	1,3	2,4	
ノ　ル　ウェー	オ　ス　ロ	50	220/380	1,3	2,3	
ポ　ー　ラ　ン　ド	ワ　ル　シ　ャ　ワ	50	220/380	1,3	2,4	
ス　ペ　イ　ン	マ　ド　リ　ー　ド	50	127/380 220/380	1,3	2,3,4	127/220 220/380
スウェーデン	ストックホルム	50	220/380	1,3	2,4	
ス　イ　ス	ベ　ル　ン	50	220/380	1,3	2,3,4	
イ　ギ　リ　ス	ロ　ン　ド　ン	50	240/415	1,3	2,3,4	
ロ　シ　ア　連　邦	モ　ス　ク　ワ	50	127/220	1,3	2,4	
ユーゴスラビア	ベオグラード	50	220/380	1,3	2,4	

で, 特殊施設, 工業施設への供給については削除してある.

表13·2 世界のプラグの種類（電気事業連合会，1993）

タ イ プ	おもな国名	代表的プラグ 極 形 状	定　格	規　格	形 状 例
A (American type)	日　　　　本 ア メ リ カ カ ナ ダ 台　　　　湾 韓　　　　国		2P 15A125V	J I S U L C S A	
			接地2P 15A125V		
B (British type)	イ ギ リ ス （旧 英 領 諸　　国）		2P 5A250V	B. S	
			接地2P 5A250V		
			接地2P 13A250V		
C (Continental type)	ヨ ー ロ ッ パ ロ シ ア 連 邦 （旧フランス オランダ領 諸　　国）		2P 2.5A250V	C E E D I N	
			2P 10/16A250V		
			接地2P 10/16A250V 側部アース		
			接地2P 10/16A250V ピンアース		
S	オーストラリア ニュージーランド		2P 7.5A250V	S A A	
			接地2P 10A250V		
その他 独自な タイプの 代表例	ス イ ス		接地2P 10A250V	S E V	
	イ タ リ ア		接地2P 10A250V	C E I	

〔注〕 同一形状でも寸法は各国にて若干異なる．

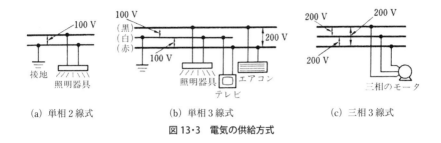

(a) 単相2線式　　　　　(b) 単相3線式　　　　　(c) 三相3線式

図13·3　電気の供給方式

のように3本の線で送っている。これは両者の往復の片線を共用にして、真ん中の線を中性線として使用しているからで、単相2線式に比して、配線量が少なくてすんでいる。しかしこのため、単相3線式では100Vの2回線にかたよりがないように、平均して同じくらいの負荷を接続させるようにしなければならない。この理由は、両方の負荷に流れる電流が中性線を通るとき、たがいに反対方向に流れる電流が打ち消しあうので、両回路の負荷の大きさが等しいとき、すなわち負荷が平衡しているときは、中性線にまったく電流が流れてなくて、負荷が不平衡のときだけ、反対方向の電流の差に相当する電流が流れる。したがって負荷が不平衡のときに中性線が切れると、軽負荷の側に過大な電圧が加わり不測の危険を招くこともあるので、中性線にはブレーカ（遮断器）やヒューズを挿入してはならないきまりになっている。

2. 三相交流式

発電所でつくられる電気は、もともと単相ではなく三相であり、送電線や高圧配電線は、3本で交流電力を送っている。変圧器で電圧を200Vに下げられた三相の交流は電動機などを回転させたり、大形の電熱器に効率よく電力を送るのに便利なので、動力線として、工場や農作業など広い範囲に使用されている。

3. 分　電　盤

屋外の電力量計から壁を通して屋内に導かれた配電線は、分電盤に接続されるが、分電盤では漏電ブレーカを経て、各部屋の分岐回路に接続される。図13·4は単相3線式の分電盤の例である。この例についての述べると、3本の配電線は分電盤でまず主開閉器（アンペアブレーカ；この例では50Aであるが、容量は需要家と電力会社との契約によって決められる）に入り、次に漏電ブレーカを経て、

100 V 用の八つの分岐回路
に導かれている．それぞれ
の分岐回路には，20 A 以上
の電流が流れると自動的に
スイッチが切れる 8 個の安
全ブレーカがついている．
また 200 V の分岐回路も二
つあり，これにも安全ブ
レーカが設置されている．
事故が起こって過電流が流

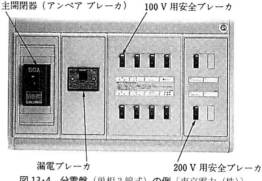

主開閉器（アンペア ブレーカ）　　100 V 用安全ブレーカ

漏電ブレーカ　　　　　　　200 V 用安全ブレーカ

図 13·4　分電盤（単相 3 線式）の例〔東京電力（株）〕

れれば，まずその分岐回路の安全ブレーカーが "OFF"（切）になるので，原因は
その回路のみを調べればよい．もし家中が停電の場合は主開閉器のアンペアブレー
カが "OFF" になる．この場合は，分岐回路の安全ブレーカを全部 "OFF" にしてか
らアンペアブレーカを "ON" にし，次に安全ブレーカを逐次 "ON" にしてゆき，ア
ンペアブレーカといっしょに "OFF" になる不良の分岐回路を探すことができる．

13·3　感電・漏電・漏電ブレーカ

　屋内配線や電気機器は，人がふれても支障が生じないように絶縁がほどこされて
おり，安全であるように製造がなされている．しかし施工時に欠陥があったり，機
器の過負荷使用などによる過熱や，経年劣化などにより絶縁が悪くなっていると，
電気は正常な電気回路以外に流れて漏電し
たり，感電事故を起こすことがある．

1.　感電・漏電

　感電は人体に電流が流れることによって
生じ，その度合は，およそ表 13·3 のよう
である．感電事故が生じるケースとして
は，図 13·5 のような場合があげられる．

感電になる場合

①　人が同図（a）のように，2 本の線

表 13·3　電流の大きさと感電の度合い [3]

電流の大きさ〔mA〕	感電の度合い
1	ビリッと感じる
5	相当に痛みを感じる
10	がまんできないほど苦しい
20	筋肉が収縮して動けない
50	相当に危険となる
100	致命的な障害を起こす

〔注〕　mA（ミリアンペア）は 1/1000A

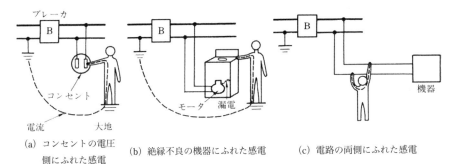

(a) コンセントの電圧
側にふれた感電
(b) 絶縁不良の機器にふれた感電
(c) 電路の両側にふれた感電

図 13·5　感電の例

のうち，アース（接地）されていない電圧側の電線や電極にふれて，電流が人体を通じて大地に流れる場合，また同図（b）のように，電圧側の電線と機器のあいだが絶縁不良になっている機器などにふれた場合に感電する．

　② 人が同図（c）のように電路の両方ににふれた場合……この場合は当然感電する．後述するように，この場合は人体に電流は流れても漏電ブレーカは働かない．

感電にならない場合

　① 同図（a），（b）において，人がゴム靴を履いていたりして大地に接触しておらず，浮いた状態になっている場合……これは電線に止まっているカラスが感電しないのと同じで感電事故は起こらない．

　② 同図（a）において，もし人が接地されている側の端子にふれた場合……これも手も足も同電位なので，人体には電流は流れない．図のコンセントの端子（電極）の右か左のどちらが接地側であるかは検電器で調べないと正確にはわからない．

2．接地（アース）の必要

　コンセントの一方はアースされている．電線のもとを調べると，変圧器の二次側の一方の線は，中空のコンクリート電柱の中を通って銅合金の接地板にいたり，地球に接地されている．このように変圧器の二次側を接地しておく理由は，例えば変圧器の一次側の高圧線に雷が落ちるなど，高電圧によって変圧器の中の絶縁が破れ，高電圧が二次側に加わってきた場合，家の中まで来る前に，つまり電柱のところで，雷など異常な高電圧をいち早く地球（電位 0V）に逃がしてやることができ

るためである．また接地すれば，二つの100V回線の1線の電位は地球と同じ0V
になるので，二次側の電位が安定する．

3.　漏電ブレーカ

　漏電ブレーカは，電路に漏電事故が生じた場合に，これを自動的に感知して電路
をすみやかに開くためのスイッチであり，その感度によって各種のものがある．

　最も一般的なものは，図13・6のような，漏電引外し方式によるもので，電流の
磁気作用を利用して漏電を感知し，電磁石で作られているスイッチを作動させるも
のである．図13・6において，電源から負荷Lに電流が流れているとき，二つの電
路はZCT（零層変流器）という鉄心の環の中を通って負荷に達しているので，二
つの電路には往復の反対向きの電流が流れており，これによってつくられる磁界は

たがいに反対方向で大きさ
も等しいから打ち消し合い，
ZCTは磁気をもたない．人
体その他によって，電路の一
方から大地に漏れ電流がある
と，両電路に流れている電流
には差を生じ，この電流に
よって磁界を生じ，ZCTに
巻いてあるコイルに微小な電
流が流れる．この電流は半導
体素子によって増幅されて引
外しコイルに流れ，ブレーカ
を作動させる．漏電を検出し
てから引外しまでの時間は
0.1秒以内である．

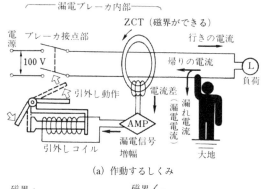

(a)　作動するしくみ

(b)　漏電していないときの
　　 ZCT

(c)　漏電しているときの
　　 ZCT

図13・6　漏電ブレーカの働き

4.　200V回線の感電と漏電

　単相3線式には200Vの回線があるが，大地の上に立っている人が図13・5（a）
または（b）のように200Vの電線（赤または黒の線）にふれた場合，感電は100V
の場合と同じである．同図（c）のように，人が両手で200Vのコンセントの両端

にふれた場合は，人体に 200 V が加わるので，100 V の場合の 2 倍の電流が人体に流れて危険である．しかし実際には，200 V がよく使われているエアコンのコンセントは壁の高い場所にあり，またシステムキッチンなどでは，床に直付けになっており，人体がこれらにふれることはきわめて少ない．

漏電の場合も同様で，200 V の回線に漏電事故があっても，100 V 回線の場合と同様に同じ漏電ブレーカが働くので，ことさらに 200 V 用の漏電ブレーカを別に取り付ける必要はない．

13・4　屋内配線工事と屋内配線図

1.　屋内配線工事

住宅の屋内配線設備は，需要家が施設し，かつその保安・保守の責任をもつことになている．しかし実際には，工事は電気工事士でないと扱えないので，需要家はその費用を負担して，実際の仕事は電気工事士が行っている．

配線工事の順序としては，需要家が電気工事店に配線工事を依頼し，配線図をつくり，見積書をとって契約する．契約に従って，工事店は需要家に代わって電力会社に設計図とともに電気使用申込み書を提出する．電力会社はこれを審査して問題がなければこれを許可し，工事店が工事を行う．工事が終われば，電力会社はこれを検査し，異常がなければ電力を供給する．

2.　屋内配線図

屋内配線図は，分岐した回路や電灯，配線器具などを，間取り図（1/50 〜 1/100 の縮尺）に表したもので，表 13・4 のような配線記号が使われる．

これを設計するには，各室の位置，広さ，機能などを考慮し，部屋の相互関係，室内の動線なども考え，さらに将来の電気機器の増加も予想して，ある程度ゆとりのある配線にする．設計の順序としては，次のように行う．

① 間取り図を描く
② 器具の取付け位置を図記号で描く．
③ 器具間を線で結び，配線記号で示す．
④ 器具や回路に流れる電流を予想し，計算して，線の太さやブレーカの容量を決める．

表 13・4　屋内配線用図記号（JIS C 0303　抜粋）

名　称	図記号	摘　要	名　称	図記号	摘　要
天井隠ぺい配線	———	電線の種類を示す必要のある場合は，記号を記入する. 例：600 V ビニル 　　絶縁電線 IV 　　600 V 二種ビニル 　　絶縁電線 HIV	配線用遮断器	B	極数，フレームの大きさ，定格電流などを傍記する.
床隠ぺい配線	- - - -		漏電遮断器	E	過電流素子付は，極数，フレームの大きさ，定格電流，定格感度電流などを傍記する. 過電流素子付は，BE を用いてもよい.
露出配線	-·-·-·-				
立　上　り		同一階の立上り，引下げはとくに表示しない.	配電盤，分電盤及び制御盤	☐	配電盤 ▨ 分電盤 ◪ 制御盤 ▩
引　下　げ		ケーブルの防火区画貫通部はつぎによって表示する.			
素　通　し		立上り	電　動　機	M	必要に応じ，電気方式，電圧，容量を傍記する.
VVF用ジョイントボックス	⊘	端子付であることを示す場合は，t を傍記する.	電　熱　器	H	電動機の摘要を準用する.
接　地　極		接地種別を傍記する.　例：E₁	換気扇（扇風機を含む）	⊗	必要に応じ，種類及び大きさを傍記する.
受　電　点	ϟ	引込口にこれを適用してもよい.	ルームエアコン	RC	屋外ユニットには，O を屋内ユニットには，I を傍記する.
点　検　口	☐O	—	電力量計（箱入またはフード付）	Wh	必要に応じ，電気方式，電圧，電流などを傍記する.
一般用照明白　熱　灯HID 灯	○	記号の種類を示す場合は，図記号のなかかまたは傍記によって，かたかな，数字などの文字記号を記入し，図面の備考などに表示する.	電流制限器	L	必要に応じ，電流を傍記する.
蛍　光　灯	⊏○⊐		漏電火災警報器（消防法による）	F	必要に応じ，級数を傍記する.
表　示　灯	◎	壁付は，壁側を塗る.	加入電話機	T	
コンセント	⊖ ∷	図記号は，壁付を示し，壁側を塗る.20 A 以上は，アンペア数を傍記する.2 口以上の場合は，口数を傍記する.	ファクシミリ	MF	—
			電話用アウトレット	●	壁付は，壁側を塗る.
点　滅　器	●	容量の表わし方は，次による. a．10 A は傍記しない. b．15 A 以上は，電流値を傍記する. 例：●₁₅ₐ	押しボタン	▣	2 個以上の場合はボタン数　例：▣₃を傍記する.
			チャイム	♩	—
開　閉　器	S	極数，定格電流，ヒューズ定格電流などを傍記する.	（ガス漏れ）検知器	G	

屋内配線図と設備

　屋内配線図は，住宅の電気設備を予想し，また建物の広さや工事費なども考慮して描く．一般に設備は，増設もしくは追加されることが多いので，あらかじめ建築中に配慮し，工事をしておくとよい．図 13・7 は約 57m²（約 18 坪）の小住宅の配線図例であるが，各室とも，コンセントの数を多くし，スイッチをまとめて連用形式にして，使用しやすいようにしている．

〔注〕　1.　延床面積 56.7 m² $\begin{cases} 1\,F=31.6\,m^2 \\ 2\,F=25.1\,m^2 \end{cases}$

　　　2.　電灯数 10，コンセント数 18.

　　　3.　図中の番号は分電盤の安全ブレーカの番号を示し，その回路につながれていることを表わしている．

　　　4.　この家は単相 3 線式（100/200 V）であるが，今のところは 100 V 回路のみつないでいる．

　　　5.　階段の上と下にある ●₃ は，3 路スイッチ（同一の電灯を 2 個所で点滅するスイッチ）を示す．

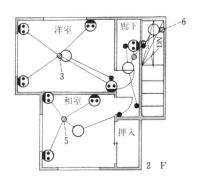

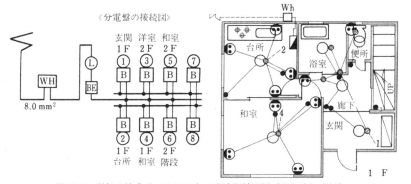

図 13・7　単相 3 線式（100V/200V）の屋内配線図例〔東京電力（株）〕

3.　屋内配線にかかわる関係法規

　電気事業は公益事業なので，公共の福祉を考慮していろいろな法規が決められており，工事の施行に関しては，災害防止のための制限を加えている．

　(1)　**電気事業法**　電気事業者に対する規制と，電気施設に対する安全確保の規制に関する法律である．

(2)　電気設備に関する基準を定めた省令　発電所から家庭までのすべての電気設備に対して，技術的な基準を定めている．

(3)　電気工事士法　電気工事士の資格と義務を定めた法律である．ただし，次のような軽微な工事は，技術基準に従って電気工事士以外の者も行うことができる．

①　露出形コンセントやスイッチの取換え．

②　ソケットやプラグの取換え，ローゼットから下のコードの取換え．

③　ブザー，インターホン，呼び鈴などの小形変圧器の二次側の配線工事．

(4)　電気用品安全法　旧来の電気用品取締法は，2001 年 4 月より電気用品安全法として改正施行されている．この法律は，電気用品の製造，販売等を規制するとともに，電気用品の安全性の確保にあたり民間事業者の自主的な活動を促進し，電気用品による危険および障害の発生を防止することを目的として改正された．

この法律において"電気用品"とは，一般用電気工作物の部分とこれに接続して用いられる機械，器具，材料，携帯発電機，蓄電池などを指し，品目は政令で定められている．そのうち，構造または使用方法その他の使用状況からみて特に危険または障害の発生するおそれが多い電気用品を"特定電気用品"としている．

特定電気用品は，経済産業省に認定された検査機関の適合性検査に合格すると，ひし形の中に PSE の文字（PS は Product Safety，E は Electrical Appliance & Materials の略）のマークが付与され，同時に事業者名，定格電圧・消費電力なども表記される．2013 年現在，特定電気用品として，電線類，ヒューズ類，電熱機器，スイッチ類，コンセントなどや変圧器，電気温水器，電動式おもちゃ，マッサージ器など 116 品目があげられている．特定以外の電気用品としては，各種電球，蛍光ランプ，掃除機，テレビ，レコーダ，電子時計，扇風機，冷蔵庫などの 341 品目があげられ，認定済みには新たに丸の中に PSE の文字が表記されている．また，届け出の必要はないが製品の製造事業者が自主的に第三者のチェックを受けたことをアピールする目的で，検査機関に適合性検査を依頼した製品にはS マークと呼ばれる記号が付与された．

(a) 特定電気用品

(b) 特定電気用品
以外の電気用品

図 13・8　PSE マーク

図 13・9　S マーク

14章　わが国のエネルギー事情と対策

14・1　化石エネルギーの有限性と地球環境

　2014 年現在，確認されている石油の埋蔵量は，約 1 兆 6526 億バレルといわれている．世界の石油の年間生産量は約 30.5 億バレルなので，埋蔵量を生産量で除して計算される石油の可採年数は約 54 年である．同様に天然ガス（LNG）は約 64 年，石炭は約 112 年である（図 14・1）．地域ごとの石油の埋蔵量は図 14・2 に示すとおりであり，近年，海底資源やシェールガスの新規開発により可採年数は維持されているが，近い将来，確実に化石エネルギーは枯渇するであろうと懸念されていることには変わりはない．今後は，これら化石エネルギーの効率的な使い方と地球に優しい新しいエネルギーの開発が重要かつ急務となっている．

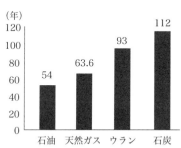

図 14・1　世界のエネルギー資源の可採年数
（BP，OECD，IAEA の統計より；2012）

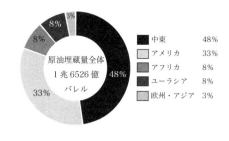

図 14・2　地域別原油埋蔵量
（BP 資料より；2011）

14・2　エネルギー消費と地球環境

　化石エネルギーを燃焼すると，二酸化炭素（CO_2），硫黄酸化物（SO_X），窒素酸化物（NO_X）などが生じる．

　2010 年の各国の 1 人当たりの二酸化炭素排出量（図 14·4）を見ると，わが国はアメリカの約半分であるが，世界全体では膨大な量となっており，地球温暖化や，酸性雨，オゾン層の破壊などの原因となっている．地球温暖化は，大気中の二酸化炭素などの温室効果ガス（図 14·5）の濃度増加による気温の上昇が原因である．その結果，異常気象や降雨パターンの変化などが起こる．酸性雨はふつうの降雨よりも酸性が 10 倍以上も強く，大気中に排出された硫黄酸化物や窒素酸化物などが原因とされており，森林の立ち枯れ，湖沼水の酸性化や土壌の変質を引き起こし，生態系に悪影響を与えている．

　地球の温暖化問題に対して世界各国で二酸化炭素を削減するための方策がとられ，その一つとして省エネルギーへの取組みが行なわれている．例えば，サマータイム（夏季を中心とする期間の生活時間を 1 時間早めたりする）はその一例であり，欧米など 70 か国で実施され照明や冷房の省エネルギーに役立っている．

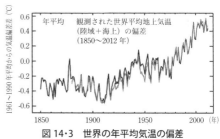

図 14·3　世界の年平均気温の偏差
（気象庁資料より；2012）

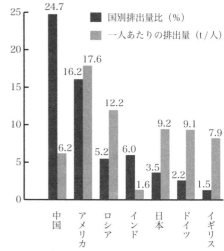

図 14·4　二酸化炭素の国別排出量比と一人あたりの排出量（世界銀行資料より；2010）

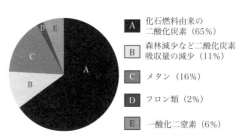

図 14·5　温室効果へのガス別影響度
（気象庁資料より；2010）

14・3　電力事情

　わが国の一般家庭の電力消費量をみると，1953（昭和 28）年の年間 1 戸当たりの平均は約 470kwh であったが，電気のもつ安全性・利便性・制御性などが評価された結果，家庭生活における電化が進展し，毎年直線的に増加して 1990 年度には年間約 3030kwh に達している．その後もより豊かで快適な生活が追求され，電力の消費量はさらに増加し，2008 年の世界各国の年間 1 人当たりの電力消費量を見ると，わが国はカナダ，アメリカ，韓国についで 4 番目の 8072kwh である．また 2011 年の石油等のエネルギー輸入依存度は世界で最も高い．

　国別で見ると，ロシアやカナダは電力消費量も大きいが，豊富な水資源をもっているため，石油などを海外に輸出でき，資源は豊富であることがわかる．エネルギー資源の乏しいわが国では，石油に代わる新しいエネルギーの開発とともに，生活者自身の省エネルギーへの取組みが求められている．

　また消費電力をまかなうための各国の電源別構成比は，それぞれの国の特性によって異なり，2011 年現在，カナダは全電力の半分以上を水力発電でまかなっている．石炭への依存度は，中国 8 割，インド 7 割，アメリカ，ドイツ，韓国は約 4 割，わが国は 3 割弱である．特筆されるのはフランスで，エネルギー自給力を高める国策をとっており，2011 年現在，原子力発電が全体の 8 割を占めている．わが国の原子力発電の占める割合は，2011 年の震災前で 1 割程度であった．

　わが国の電源構成は，他国と異なり，一つのエネルギーにかたよらないようにエネルギー源のベストミックスを図ってきた．2011 年 3 月の東日本大震災以降，原子力発

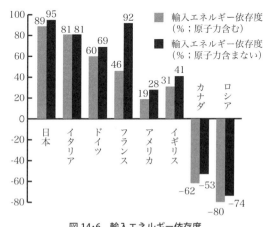

図 14・6　輸入エネルギー依存度
(IEA 資料より；2011)

電所の多くが停止しているため，石炭や石油，天然ガスによる火力発電が占める割合が増大している．今後のわが国のエネルギー政策を考えると，毎年の需要増を見込みつつ，石油への依存度を減らし環境にやさしい再生可能エネルギーへ転換することが必要となってくる．例えば，硫黄分を含まないクリーンなエネルギーである液化天然ガスや石炭と石油を混合した新燃料などで二酸化炭素を削減するとともに，技術開発による高効率な発電と太陽光や風力などのクリーンな自然エネルギーの活用を推進し，放射能漏れや放射性廃棄物処理に課題を抱えている原子力発電への依存度を極力減らしていく方向に進んでいく必要がある．

14·4　これからのエネルギー問題と開発

　上述のように，地球に埋蔵されている化石エネルギーは有限であり，燃焼時には地球環境を悪化させる原因物質を排出する．そこで今後は，新エネルギーと呼ばれるクリーンエネルギー源を開発する必要がある．またこれまで捨てられていたエネルギーを，ヒートポンプなどの技術によって再利用できるシステムの推進が急がれている．

1．新エネルギー

　新エネルギーは，化石エネルギーに代わるクリーンな発電をめざすもので，すでに実用化されているが発電能力が小さく，さらなる研究・開発が望まれている．

　（1）**太陽光発電**　太陽エネルギーは，熱と光とに利用の形態が分けられ，後者の太陽光発電には太陽電池が用いられる．太陽電池はp型とn型のシリコンの半導体を接合したもので，これに光があたると，マイナスの電子はn型へ，プラスの正孔はp型に移動して，電極間に電圧が生じる．これに負荷をつなげれば電流が流れて，負荷に電力が供給されるというしくみである（図14·7）．

　太陽エネルギーは無限にあり，発電のシステムが単純で管理がしやすいという特長があるが，晴天でない場合は発電能力が低下し，夜は利用できない．家庭での小規

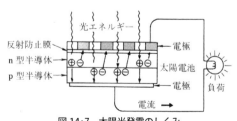

図14·7　太陽光発電のしくみ

模な設備では，電力会社からの電気
と併用する方法によって利用されて
いる．広い空き地や屋上などの未使
用の場所に，大規模にソーラーパネ
ルを設置して，電力会社に売電する
企業も設立されている．

図 14・8　太陽光発電設備 (静岡県富士市)〔東京電力(株)〕

(2) **燃料電池**　理科の実験で行
う水の電気分解は，直流によって水
を酸素と水素に分解させる．燃料電池は，これと逆の化学反応によって酸素と水素
から直流を発電させるものである．天然ガスやメタノール，ナフサなどの燃料を改
質して得られた水素と，大気中の酸素を化学的に反応させて水をつくるが，反応
のなかで電気が直接に発電される（図14・9）．得られた直流の電力は，変換装置に
よって交流にもかえられる．

　燃料電池の特色は，発電効率が40〜60％と高いことである（通常の火力発電所
は最大で40％程度）．例えば，このシステムを導入した病院やホテルなどで，発電

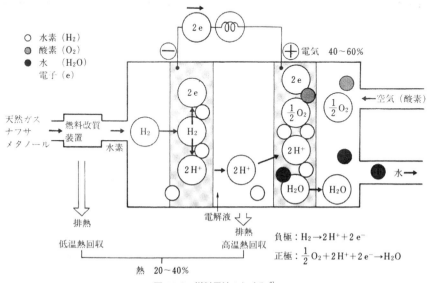

$$負極：H_2 \rightarrow 2H^+ + 2e^-$$
$$正極：\frac{1}{2}O_2 + 2H^+ + 2e^- \rightarrow H_2O$$

図 14・9　燃料電池のしくみ[9]

時の排熱を冷暖房や給湯などに利用した場合は，総合熱効率を80％まで上げることができる．燃料電池の反応は，燃料を燃焼させずに発電を行なうことから，これまでのような燃焼による硫黄酸化物や窒素酸化物などの発生はなく，環境への影響も小さい．また出力規模を自由に選定することができるため，都市部での発電が可能である．この小規模な装置を自動車に搭載したのが，燃料電池自動車である（P.49参照）．

図14・10　50kW 燃料電池発電装置〔東京電力（株）〕

（3）　**風力発電**　風力発電は，クリーンでエネルギーの枯渇もなく，アメリカ・デンマーク・スウェーデン・オランダなどで盛んである．わが国では500kW級の大形風力発電システムの開発などが行われている．ただし，風車を回転させるための風速・風向きなどが複雑で，毎秒5m以上の風が必要である．わが国の場合は台風による暴風があり，導入地域は限られる．

2014年現在，国内の風力発電は460カ所に2千基，発電能力は250万kwである．今後625万kwの新設が予定されている．主流の風力発電は，風車の中心軸高さが約100m，風車の直径は35mもあり，羽などの落下事故が年5〜6件起きており，現在定期検査の義務化も検討されている．

（4）　**地熱発電**　地下（1500〜2000m）の高温の水蒸気や熱水を地上に取り出し，火力発電のようにタービンを回して発電するシステムである．火山国であるわが国は，その資源が豊富にあり，従来の発電設備と比べて環境への影響が小さいことから一層の開発が期待されている．

（5）　**バイオマス発電**　バイオマス発電は，間伐木材，木くずや生ごみや建設廃材を燃料として発電したり，家畜の糞尿から生まれるメタンやエタノールをエネルギー源として活用し発電する方式である．資源のリサイクルや有効利用にも貢献できる．

（6）　**潮力・波力発電**　地球の自転や月の公転にともなって，海水の潮位が変動する．潮力発電は，この潮の流れでタービンに直結している発電機を回し発電するもので，低落差の水力発電といえる．

波力発電は，波の力を利用して発電機のタービンを回す方式である．

（7）　**海洋温度差発電**　海面付近の温かい海水で，アンモニアを蒸気化してタービンを回して発電し，海底付近の冷たい海水で気化したアンモニアを再び液体に戻して循環させ，発電する方式である．

2.　未利用エネルギー

未利用エネルギーとは，ビルの照明や大型コンピュータや工場等からの排熱など，これまで有効に回収されることなく自然界に放出されていた熱エネルギーや，河川水や下水などの温度差熱（夏は大気よりも冷たく，冬は大気よりも温かい水）などのように，自然に豊富に存在するエネルギーの総称である．いままで技術的な問題で利用できなかったエネルギーなので，これらを“未利用エネルギー”と呼んでいる．

未利用エネルギーは，ヒートポンプ技術が向上したことで有効に活用できるエネルギーになった．それは，回収した熱をヒートポンプにより利用可能な温度まで変換し，再利用するシステムが開発されたからである（図14・11）．このシステムを

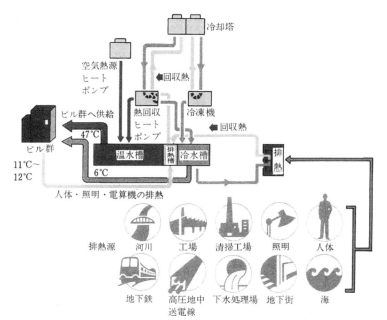

図14・11　ヒートポンプによる未利用エネルギーの活用

表 14·1　未利用エネルギーの活用例〔資源エネルギー庁編，1995〕[11]

供給区域名	供給形態	利用熱源	供給開始年月
札幌駅北口	温水，冷水	地下鉄排熱	1989.4
日立駅前	温水，冷水	工場排熱	1989.12
品川八潮団地	高温水，冷水，給湯	ごみ焼却排熱	1983.4
幕張新都心（千葉）	蒸気，温水，冷水	下水処理排熱	1990.4
箱崎（東京）	温水，冷水，給湯	河川水熱（隅田川）	1989.4
大阪南港	蒸気，温水，冷水	海水熱（大阪湾）	1994.4

導入することによって，地域の冷暖房や給湯など，省エネルギーを実現することができる．現在表 14·1 のような地域で各種の未利用エネルギーを活用した地域冷暖房システムが運転されている．

3. コージェネレーション

コージェネレーションとは，一つのエネルギー源から熱と電気などの二つ以上の有効なエネルギーを取り出して利用するシステムのことである．

例えば，燃料を燃やして得た熱をピストンエンジンやガスタービンなどを用いて動力や電力に変換し，その排熱を冷暖房や給湯などの熱源として利用する．

熱や電力を同時に必要とするホテルや病院などでは，これらのシステムを活用することで総合熱効率が 80％以上になる．コージェネレーションは，一戸建て住宅でも燃料電池を使った省エネルギーシステムとして開発が進められている。

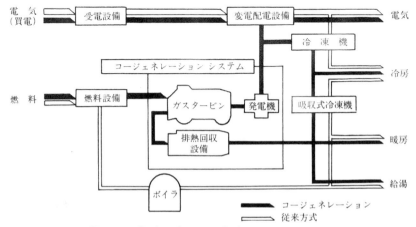

図 14·12　ガスタービン　コージェネレーションのしくみ

15 章　家庭生活と情報機器

　情報通信技術（**ICT**，Information and Communication Technology）の飛躍的な発展は，従来からの新聞・ラジオ・テレビなどの情報源に加え，インターネットの活用により世界中から膨大な量の情報を受信することを可能にした．私たちは，それらの中から適時に有用な情報を選択し，適切に活用する能力を身につける必要がある．

　さらにこれからは，情報の一方的な受け手から，情報の発信者として社会に貢献することが求められており，各自の責任ある行動が問われる時代となっている．

　そこで 15 章では，コンピュータに代表される情報機器を有効に利用することができるように，代表的な機器の基本的なしくみや活用上の注意点について解説することとする．

15・1　コンピュータの機能と操作

1.　コンピュータの基本的な装置

　現代では，日常生活において，誰もが自宅にいながら飛行機や新幹線の切符を購入したり，観劇のチケットを取得するなど，多様な商品を買うことができる．こうしたことが可能なのは，予約や買い物時に必要となる多様な情報（データ）を記憶し，高速で処理するコンピュータが身近なものとなったからである．そのコンピュータは，次の五つの基本的な機能をもつ装置で構成されている．

　①　**入力装置**　データをコンピュータに与える機能をもつ装置．キーボード，マウス，スキャナなど．

　②　**記憶装置**　データやプログラムや処理結果を記憶する機能をもつ装置．主記憶装置（超・大規模集積回路のメモリ）と補助記憶装置（CD・DVD・BD などの

光ディスク装置, 磁気ディスク装置) がある.

③　**出力装置**　計算や処理した結果を表示したり印刷したりする機能をもつ装置. ディスプレイ, プリンタなど.

④　**演算装置**　計算したり, その結果を判断したりする機能をもつ装置.

⑤　**制御装置**　入力・記憶・演算・出力などの機能を調整する装置.

演算装置と制御装置は, まとめて**中央処理装置**(**CPU**, Central Processing Unit) という.

2.　コンピュータの用途と種類

コンピュータには, 個人用で小型のパーソナル コンピュータから, 研究機関等で活用されている大型で超高速計算処理が可能なスーパー コンピュータがある. 特に最近では, 指先で画面にタッチして操作する, ハンディ タイプで, 通信機能やカメラ機能を備えたスマートホンやタブレット端末が普及している.

3.　コンピュータの基本的な操作手順

コンピュータの性能を有効に活用するには, 基本的な操作法を知り, 望ましい取り扱い方を身に付ける必要がある.

コンピュータを起動するときは, 原則的には, ディスプレイやプリンタなどの周辺装置の電源からONにする. 続いてコンピュータ本体の電源をONにする. するとコンピュータを動作させるオペレーティング システムが起動し, ディスプレイ上にアプリケーション ソフトウェアが表示されるので, 使用するソフトを選択し使い始める.

コンピュータを終了するときは, 使用したアプリケーション ソフトウェアを終了させ, 続いて表示されるシステム プログラムを手順に従い終了し, 本体の電源をOFFにする. 続いて, 使用した周辺機器の電源をOFFにする.

15・2　ハードウェア

1.　データ処理の仕組み

コンピュータでは, 入力されたデータはすべて, 0と1の二つの異なる電圧の状態で表され処理される. ここでは, コンピュータで処理されるデータの表し方について説明する.

（1）　信号と情報

　信号は，変化が連続的な**アナログ信号**と，変化が不連続（とびとび）な**ディジタル信号**に大別できる（図15・1）．

　コンピュータはディジタル信号で動作しており，この信号は「0」と「1」の異なる二つの値しかとらない．このような二つの状態をつくり出す素子を**2値素子**といい，これによって表される信号を**2値信号**という．2値信号は情報の最小単位として扱われ，その情報量を**1ビット**という．

　例えば，1個の電球で，消えている状態を「0」，点灯している状態を「1」とすると，電球1個は2通りの表現ができるため2値素子であり，1個の電球の情報量は1ビットであると言える（図15・2）．

アナログ信号　　　　　　デジタル信号　　　　　　　消　灯　0　　　点　灯　1
図15・1　アナログ信号とデジタル信号　　　　　　**図15・2　電球の消灯と点灯**

　2個の電球では4通りの表現が，3個の電球では8通りの表現ができる．つまりn個の電球では 2^n 通りの表現ができる．したがって，8ビットでは $2^8 = 256$ 通り，16ビットでは $2^{16} = 65536$ 通り，32ビットでは 2^{32}（約43億）通りの情報量を表現することができる．つまり，開発当初のワンボード マイコンの8ビットでは，当用漢字（常用漢字）1850文字を表現することさえままならなかったが，32ビットのパソコンなら約43億通りの表現が可能であり，情報処理の速度も上げることができる．現在ではさらにビット数の大きい64ビットのパソコンも普及し，将来は128ビットのパソコンの登場も予想されるが，普及にはそれに応じたソフトウェアの開発が必要になる．

（2）　コンピュータによるデータ処理の手法

　コンピュータはすべての情報を，「0」と「1」の二つの信号の組み合わせに変換し処理するが，具体的には，コンピュータ内部では，「0」は0ボルトの電圧，「1」

は 5 ボルトの電圧で表し，処理している．

「0，1」の二つの情報だけで表す数え方が 2 進数であり，「0，1，2，3，・・・8，9」の十個の情報で表す数え方が 10 進数である．

（3）　2 進数・10 進数と 16 進数

10 進数は，10 個ずつまとめて数える数え方で，10 を基数としている．例えば，「2015」は，右から 5 には 10^0，1 には 10^1，0 には 10^2，2 には 10^3 の重みがついているので，

$$5 + 10 + 0 + 2000 = 2015$$

となる．

これに対して 2 進数の「1011」は，右から 2^0，2^1，2^2・・のように，2 の何乗かの重みづけをすればよい．したがって右から，

$$1{\times}2^0 + 1{\times}2^1 + 0{\times}2^2 + 1{\times}2^3 = 1{\times}1 + 1{\times}2 + 0{\times}4 + 1{\times}8$$
$$= 1 + 2 + 0 + 8 = 11$$

となる．

2 進数の「1011」は，$(1011)_2$ と表記し，10 進数の「11」は，$(11)_{10}$ と表記する．

一般に，2 進数は，10 進数に対応しにくいので，2 進数を 4 桁（4 ビット）ずつ区切って対応させる 2 進化 10 進法で表している．4 ビットの数は，表 15・1 のように「0000」から「1111」までの 16 個ある．これらを，0〜9 と A〜F までに対応させたものが 16 進数で，2 進数より人間にとって理解しやすいため，プログラム作成に活用されている．

表 15・1　10 進数 16 進数 2 進数の対応

10 進数	16 進数	2 進数	10 進数	16 進数	2 進数
0	0	0000	8	8	1000
1	1	0001	9	9	1001
2	2	0010	10	A	1010
3	3	0011	11	B	1011
4	4	0100	12	C	1100
5	5	0101	13	D	1101
6	6	0110	14	E	1110
7	7	0111	15	F	1111

16進数の「AC21」を2進数で表すと次のようになる.

A	C	2	1
1010	1100	0010	0001

$$(AC21)_{16} = (1010110000100001)_2$$

2．コンピュータの論理回路の基礎

　コンピュータの内部では，すべての情報が0と1の信号で処理され，この2値信号を使って演算や制御などの操作を行う．この操作を行う電子回路が**論理回路**であり，数式で表したものが**論理式**である．

（1）　AND回路（論理積回路）

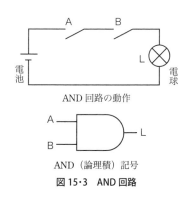

AND回路の動作

AND（論理積）記号

図15·3　AND回路

論理積の論理式　$L = A \cdot B$

真理値表

入　　力		出　　力
A	B	L
0	0	0
0	1	0
1	0	0
1	1	1

真理値表内の0と1は，スイッチONは1，OFFは0，出力1は点灯，0は消灯と考えるとよい。

（2）　OR回路（論理和回路）

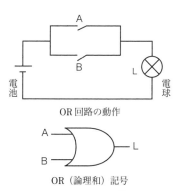

OR回路の動作

OR（論理和）記号

図15·4　OR回路

論理和の論理式　$L = A + B$

真理値表

入　　力		出　　力
A	B	L
0	0	0
0	1	1
1	0	1
1	1	1

（3）　NOT 回路（否定回路）

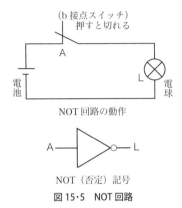

NOT 回路の動作

NOT（否定）記号

図 15・5　NOT 回路

否定の論理式　$L = \bar{A}$

真理値表

入　力	出　力
A	L
0	1
1	0

（4）　半加算回路

半加算回路は，A と B の入力値により，桁上りする回路である．A と B の入力値がともに 1 のとき桁上りして，C が 1 になる．

半加算の論理式　$S = A \cdot \bar{B} + \bar{A} \cdot B$　　$C = A \cdot B$

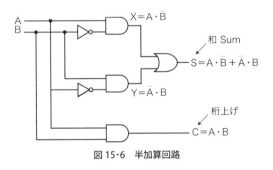

図 15・6　半加算回路

真理値表

入　力		出　力	
A	B	C	S
0	0	0	0
0	1	0	1
1	0	0	1
1	1	1	0

3．コンピュータの制御の流れとデータの流れ

コンピュータには，人間の目や耳に当たる入力装置，手や口に当たる出力装置があるが，人の頭脳が目や手からもたらされた情報を記憶・判断し行動を制御しているように，コンピュータも演算装置や主記憶装置や補助記憶装置を制御装置が制御している（図 15・7）．

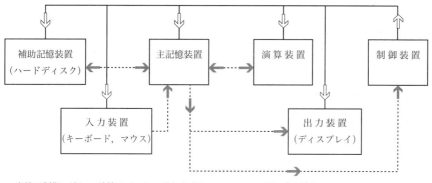

実線は制御の流れ，破線はデータの流れを表している　　　データの流れ

図 15・7　制御の流れとデータの流れ

15・3　ソフトウェア

　ソフトウェアは，コンピュータを動作させるのに必要な**基本ソフトウェア**と，いろいろな仕事に役立てることのできる**応用ソフトウェア**に大別される（図 15・8）．

　基本ソフトウェアには，コンピュータを動作させる**オペレーティング システム**（OS）とプログラム開発に欠かせない**言語プロセッサ**などがある．

　応用ソフトウェアは，各種の仕事で活用されるソフトウェアで，ワープロソフトや表計算ソフトが代表的なものである．

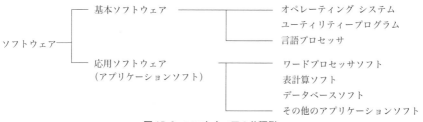

図 15・8　ソフトウェアの分類例

1．プログラム言語

　プログラムはコンピュータを動作させるための命令を記した文書であり，プログラムを記述する言語を**プログラム言語**という．その分類は以下の通りである．

（1）　機械語

0と1の数字の組み合わせで表される言語で，人間には理解しにくいが，コンピュータには理解しやすい言語である．コンピュータはすべての情報を0と1の単純なデータに変換して処理した方が，高速で誤動作しにくいのである．

（2）　アセンブラ言語

命令を数字でなく英字の略語で表記し，機械語とほぼ1対1に対応する命令記号を用いる言語である．機械語に比べれば人間にも理解しやすくなっている．

（3）　高水準言語

人が理解しやすい言語で，命令ごとに機械語に変換しながら実行するため処理速度の遅い**インタプリタ言語**と，プログラム全体を一括して実行する**コンパイラ言語**に分けられる．後者が広く活用されている．

図15・9　プログラム言語の分類例

2.　BASICプログラム（インタプリタ言語の利用）

コンピュータで，ある問題を解決する場合は，その処理手順を決める必要がある．この処理手順を**アルゴリズム**という．

ここでは，現在ではあまり使われていないが，コンピュータでのプログラム処理の動きが理解しやすいインタプリタ言語のBASICのプログラミングについて述べる．

BASIC言語は，簡単な英単語を使用した命令語を用い，行番号の順に個々の命令に従った処理がなされる．

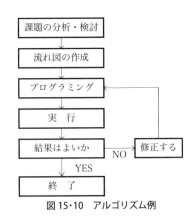

図15・10　アルゴリズム例

（例1）　5と10の和を求める．

例1のBASICプログラムを「RUN（プログラムを実行せよという意味の命令）」させるとディスプレイ上に「A＋B＝15」と表示される．

```
10    A＝5
20    B＝10
30    C＝A＋B
40    PRINT"A＋B＝";C
50    END
```
例1のプログラム

これは10行目の「A＝5」によりAに5が，20行目の「B＝10」によりBに10が代入され，40行目の「PRINT（表示せよ）」という命令により「C」の値である「15」が表示された結果である．ただし，「PRINT」の後のダブルクォーテーション マーク（""）は，囲んだ部分はそのまま表示せよという意味なので，「C」の値である「15」の前に「A＋B＝」がそのまま表示されたのである．

50行目の「END」で一連のプログラムが終了する．

（例2）　AとBに任意の値を与え，その積と商を求める．

AとBには，いろいろな値を入力するので，「INPUT」という入力命令を使う．

RUN（実行）させると，10行目の命令により「Aの値は?」と表示されるので，50を入力する．同様に，20行目の命令により「Bの値は?」と表示されるので，10を入力する．すると，30行目でAとBの積である500がCに代入され，40行目でAをBで割

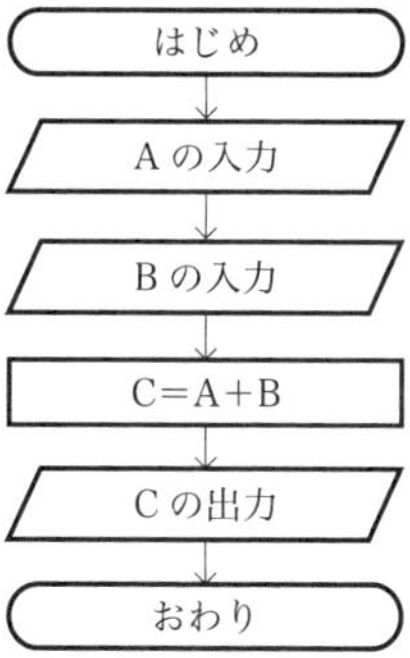

図15·11　流れ図の例

```
10    INPUT"Aの値は";A
20    INPUT"Bの値は";B
30    C＝A＊B＝;C
40    D＝A／B＝;D
50    PRINT"A×B＝";C
60    PRINT"A÷B＝";D
70    END
```
例2のプログラム

りDに5が代入される．その結果，50行目の命令によって積の（50×10＝）「500」が表示され，60行目の命令で商の（50÷10＝）「5」が表示される．

70行目の「END」で一連のプログラムが終了する．

15·4　コンピュータの活用

コンピュータの活用はあらゆる分野に広がっているが，ここでは，その基本をなす情報通信ネットワークについて取り上げる．

1.　情報通信ネットワーク

　情報通信ネットワークは，個々のコンピュータの情報を相互にやり取りできるようにした通信網で，学校内や企業内など限られた範囲で通信する **LAN**（Local Area Network，構内通信ネットワーク）から，これらの通信網を相互に蜘蛛の巣状に接続して大規模かつ広範囲に接続する **WAN**（Wide Area Network，広域通信ネットワーク）に発展した．その代表格が**インターネット**であり，世界の情報通信ネットワークの集合体である．

　インターネットには，全体を統括するコンピュータは無く，無数に接続されたコンピュータからなる分散型のネットワークである．**WWW**（World Wide Web，「世界規模に広がった蜘蛛の巣」の意）の登場で，その利用が広がった．

　インターネットを利用して，不特定多数の人々と情報交換できる電子掲示板，文字情報を手紙のようにやり取りする電子メール，各種の情報のつまったファイルを送受信できるファイル転送機能をはじめ情報発信機能，情報検索・収集機能，オンライン ショッピングなど用途は多種多様であり，各方面で活用されている．

2.　情報機器の活用上の注意点

　インターネットの普及により，私たちの生活は便利になった反面，個人情報の流出や虚偽の情報に接する機会もあり，安心安全な活用法を身に付ける必要がある．

（1）　サイバー犯罪

　他人の ID やパスワードを使用して不正アクセスしたり，商品のネット販売で他人になりすまして商品を購入しその代金は他人に請求させるなど，ネットワークを利用した犯罪をいう．偽ブランド品の通信販売，インターネット掲示板上の名誉毀損行為など，国内にとどまらず国際的な問題にもなっており，注意が必要である．

（2）　情報の信憑性

　インターネット上には有益な情報も多いが，なかには意図的にでたらめな情報を発信する人もいることを自覚し，常に情報の信憑性を確かめる姿勢が求められる．

（3）　個人情報の取り扱い

　氏名，性別，生年月日，住所，電話番号など，個人を特定できる情報はもちろん，住居・家族構成，職歴・学歴，資産や信用情報などを記入させるアンケートなどにむやみに応じてはならない．また，知り得た他人の個人情報も漏洩してはならない．

（4）　著作権の尊重

インターネット上の情報を活用する場合には，著作権を侵害しないよう常に配慮しなくてはならない．

3．コンピュータによる機器の制御

コンピュータは，工作機械やロボットだけでなく，身近な各種家庭電気機器などの制御にも活用され，コンピュータを組み込んだ電化製品が数多く使用されている．炊飯器や洗濯機など多くの家電製品には，マイクロ　プロセッサが組み込まれており，炊飯器の温度制御，洗濯機の水量や水流の制御など，個々の電化製品が機能するために必要な事項を自動的に制御・管理している．

また，インターネットなどのネットワークに接続できる情報家電も登場し，外出先からスマートホンでエアコンの電源を操作したり，テレビのリモコンから放送中の番組のアンケートに答えたりすることができる機種も普及している．

4．スマートフォンとタブレット端末

スマートフォン（スマホ）とタブレット端末は，四角い薄型で，スマートフォンの画面サイズは 4 〜 5 インチ程度，タブレット端末の画面サイズは 7 〜 10 インチ以上あり，ともに小型で手に持って活用できるサイズである．本体には必要最低限の操作ボタンしかなく，両者ともマルチタッチ　インターフェースを備え，指やペンなどで画面を触って操作する．タッチ　インターフェースは，画面に 1 点で触れて操作するが，マルチタッチ式は 2 点以上を感知するので，指の間隔により拡大・縮小などの操作を簡単に行うことができる．スマートフォンの基本機能は携帯電話と同じであり，インターネットやワンセグやお財布機能も利用できる．

タブレット端末は，スマートフォンに比べると大きめの画面を備えているため，動画の再生やゲームなどに適し，パソコンに近い機能を備えている．また，機動性・携帯性に優れており，スマート　デバイスとして活用が広がっているが，紛失，盗難，ウイルス感染による情報の漏えいなどに注意が必要である．

15·5　テレビと放送

1．テレビのあゆみ

わが国では 1926 年（昭和元年）に，「日本のテレビの父」と呼ばれる高柳健次郎

が，「イ」の字の電送・受像に成功した．その後，1939 年に NHK がテレビ実験放送を行ったが，第二次世界大戦が始まったため研究は中断された．第 2 次大戦後の 1953 年 2 月 1 日から白黒テレビの本放送がはじまり，同じ年の 8 月には日本テレビも本放送を開始した．

1960 年にはカラーテレビの本放送も開始されたが，21 インチカラーテレビが 50 万円と高額だった．これは当時の大卒の給与の 30 倍前後である．

1963 年には日米間の衛星テレビ放送が成功し，翌年の 1964 年（昭和 39 年）には東京オリンピックの開催で世界初の衛星生中継がなされ，テレビが一層普及した．1969 年にはアメリカの宇宙船が月面着陸した様子が全世界に中継された．わが国でも，1987 年に NHK が静止衛星を使ったアナログのテレビ放送を開始，1991 年には民間の衛星放送も始まり，多チャンネル放送が可能になった．さらに 2000 年からは BS（放送衛星活用）のディジタル放送が開始され，続いて 2002 年に CS（通信衛星活用）のディジタル放送もスタートした．

また，2003 年から地上ディジタル放送が開始され，2014 年 7 月 24 日をもって地上アナログ放送は停止された．現在は，地上ディジタル放送と BS ディジタル放送，CS ディジタル放送を受信できるテレビが普及している．また，2006 年 4 月からは地上ディジタル放送の携帯端末向けの「ワンセグ」放送も始まっている．

2010 年には立体画像が見える 3D テレビがつくられ，専用メガネを掛けて見る機種やメガネ不要の機種も開発された．物が立体的に見えるのは，右目と左目が捉える像の微妙なずれ（視差）を脳が合成しているからである．そこで，意図的に視差のある平面画像を右目と左目と別々に見せることで画像が飛び出して見えるようにしたのが 3D テレビである．2011 年には 4000×2000 ドットの解像度をもつ 4K テレビも発売され，50 インチ以上の大型テレビの実用化を推進している．

2020 年の東京オリンピックを目指し，NHK は今のハイビジョン放送の 16 倍の画素数をもつスーパーハイビジョン放送の開始を目指し研究開発にあたっている．

2.　テレビ放送のしくみ

放送局のテレビカメラで撮影された映像は，プリズムにより R（赤），G（緑），B（青）に分解され，CCD イメージスキャナ（電荷結合素子）の撮像管によりディジタル信号に変換される．映像のディジタル信号は，微弱な電波なので，変調とい

う処理で高周波の搬送波にのせて，東京のスカイツリーなどに設置されたアンテナから発信されている．発信された電波は各家庭のアンテナに届き，その電波の中から受信したいチャンネルの周波数を選択し，音声検波や映像検波により取り出した信号だけを処理し，音声信号はスピーカへ，映像の輝度信号や色差信号や同期信号はブラウン管や液晶ディスプレイに送られ，画像を映し出す仕組みになっている．

　ブラウン管や液晶ディスプレイでは，受信した映像信号を画面の左上から右下まで動作させるために走査線が配置されている．白黒画像では1画面を525本の走査線で表示し，ハイビジョン画像は1125本の走査線で表示されている．テレビでは，1秒間に約30コマの静止画像が表示されているので，動画として見ることができる．カラーテレビは，画面の走査線上に並んだ赤，緑，青の小さな点の点滅でカラー映像を表示している．

3.　液晶ディスプレイ

　"液晶"は，固体と液体の中間の物質で，両方の性質をもっている．液晶には電気的な刺激を与えると，光の通し方が変わるという性質があり，その性質を応用した表示装置が液晶ディスプレイである．液晶ディスプレイは，ディジタル化された電子機器の普及にともない，現在最も一般的な表示装置となっている．消費電力も少なく，かつ，きめ細かい画像が表示できるので，数値や機器の情報表示装置，映像などの画像表示装置など多様な電子機器に利用されている．

（1）　液晶カラーディスプレイのしくみ

　液晶パネルは，図15・12のように中央部の液晶を前後から電極パネルではさみ，その外側をガラス板（またはプラスチック）ではさみ，さらにその外側を偏向フィルターではさんだものである．前面にはカラーフィルターを，背面には偏向フィルターを配置し，後方からのバックライトを全面にあてる構造である．前面には光の三原色である，赤・緑・青のカラーフィルターが

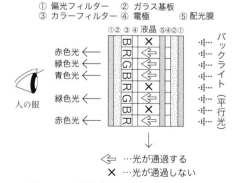

図15・12　液晶ディスプレイの構造（略図）

配列されており，カラー画像を表示できる．つまり，前後に配置した電極の電圧を変化させると液晶の向きが変わり，バックライトの光が通ったりさえぎられたりするので，赤・緑・青の光量が制御され，前面の画面にカラー映像が表示されるという仕組みになっている．

（2）　液晶の表示方式

セグメント方式では，細長い小さな表示単位の液晶を，「8の字」に並べて数字を表示する．

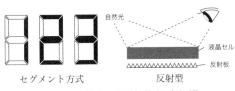

図15·13　液晶の表示方式（電卓など）

ドット マトリックス方式では，表示単位を縦横の行列に配置し，その後方から光を当て，文字やグラフィックを表示させる．

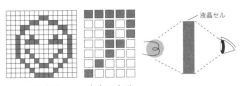

図15·14　液晶の表示方式（液晶テレビなど）

4.　プラズマ ディスプレイ

　プラズマ ディスプレイは，2枚のガラス板の間に封入されたネオンやヘリウム ガスに電圧をかけ，放電させて紫外線を出させ，その紫外線を光の三原色である赤・緑・青の蛍光体に当てて光らせることで映像を映し出すカラー ディスプレイである．コントラストもあり，立体感のある鮮明な映像が得られ，視野角も広く，斜めからも見やすい．寿命は約10万時間で液晶より長い．

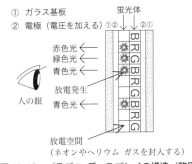

図15·15　プラズマ ディスプレイの構造（略図）

5.　有機ELディスプレイ

　有機ELディスプレイは，ホタルと同じように有機物の発光現象を利用している．プラスとマイナスの電極にはさまれた有機化合物（発光層）が，電流により励起され，元の状態に戻るときのエネルギー差で光を発生する現象を活用している．

　有機ELディスプレイは，液晶やプラズマ方式のディスプレイと比較するとシン

プルな構造で，前後の基盤で電極と発光層をサンドウィッチした構造をしている．発光層には，赤・緑・青の光の三原色を配置し，この層に電圧をかけて発光を制御してカラー画像を表示する．発光層の厚みは 1 万分の 3mm と薄く，ガラスでなくプラスティックではさんだ曲面のディスプレイの製作も可能となっている．2016 年現在では消費電力は最も少ないが，大きい画面の製造や寿命の点で液晶やプラズマ方式のディスプレイに劣っており，今後の改良が期待されている．

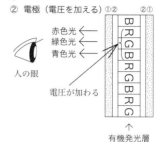

① ガラスまたはプラスティック
② 電極（電圧を加える）

赤色光
緑色光
青色光

人の眼

電圧が加わる

↑
有機発光層

図 15・16　有機 EL ディスプレイの構造（略図）

15・6　電子黒板

　社会の情報化の進展に伴い，学校においても教育の情報化の推進が求められ，教科書のディジタル化とともに授業における ICT 活用の推進が求められている．ここでは教科指導における ICT 活用の具体的な教具事例として，電子黒板を取り上げた．

　電子黒板はいろいろな機種が発売されており，ホワイト ボードにイメージ スキャナとプリンタを備えた機種では，イメージ スキャナがホワイト ボード上を移動して描かれた内容を読み取り，それをプリンタに出力するものもある．フィルム型と呼ばれる方式では，ホワイト ボード部分がフィルム状になっていて，巻き取ることで複数面に書くことができるものもある．また，プリンタに出力するだけでなく，ボード上の画面をスキャンして記録するものもある．さらに最近では，高解像度パネルを採用し，明るく広い教室でも鮮明で見やすい画像と文字を表示できる機種や，薄型テレビ形式の大画面のディスプレイを使用し，パソコンや DVD などの映像を表示させ，指や電子ペンを使って投写面上に二人で同時に文字や図形を容易に書き込むことができたり，画像の移動・拡大・縮小や保存が可能な機種もある．

図 15・17　電子黒板
〔パイオニア VC 株式会社〕

16章　学校における情報教育

　わが国が21世紀も引き続き国際競争力を維持・伸長し，国際社会へ貢献するとともに，国民に豊かな生活を提供し続けるには，高度情報化社会に適応でき，その発展に貢献できる人材の育成が必要である．そのため，学校教育における情報教育の充実が求められている．

　また，21世紀を生きる子どもたちに求められる力を育むための教育においては，情報通信技術を活用し，その特長を生かすことによって，一斉指導による学習に加え，情報機器を活用し，子どもたち一人ひとりの能力や特性に応じた学び方や，子どもたち同士が教え合い，学び合う協働的な学びを推進していくことが求められている．

　そこで文部科学省は，教育の情報化により，子どもたち一人ひとりの情報活用能力の育成を図り，また情報通信技術の活用により，わかりやすく理解の深まる授業を実現させ，さらに校務の情報化により，教職員が情報通信技術を活用し校務処理を合理的に推進することで教員研修等の機会の充実をはかることを目指している．

16・1　情報活用能力の育成

　情報教育に求められている情報活用能力として，次の3点があげられる．

　①　情報活用の実践力として，「課題や目的に応じて情報手段を適切に活用することを含めて，必要な情報を主体的に収集・判断・処理・編集・創造・表現し，受け手の状況などを踏まえて発信・伝達できる能力」

　②　情報の科学的な理解として，「情報活用の基礎となる情報手段の特性の理解と，情報を適切に扱い，自らの情報活用を評価・改善するための基礎的な理論や方法を理解する能力」

③　情報社会に参画する態度として,「社会生活の中で情報や情報技術が果たしている役割や及ぼしている影響を理解し,情報モラルの必要性や情報に対する責任について考え,望ましい情報社会の創造に参画しようとする態度」

これらの情報活用能力の育成のために,小学校では教科指導の中で,パソコンの利用やプログラミング的思考の育成が期待され,情報の教科指導としては,中学校では技術・家庭科(技術分野)で,高等学校では共通教科「情報」において必履修科目としてその指導が位置付けられている.

本来,情報活用能力は,子どもたちがすべての教科等の学習の場面において,情報通信技術を活用することによって育成されるべきものである.

現行の学習指導要領においても,各教科等を通じた情報教育の一層の充実が求められているが,子どもたちの間でも年々高機能化するスマホ等を用いたインターネットの利用が急速に普及しているため,インターネット上での誹謗中傷やいじめ,犯罪や有害情報等に接する機会の増加などの問題が発生している.こうした問題を踏まえ,各学校は家庭や地域および関係機関と連携しながら,情報化がもたらす影響の光と影の両面を十分理解した上で,情報セキュリティの確保と情報モラルに関する指導を充実させる必要がある.

16・2　中学校技術・家庭科　技術分野の「情報の技術」の指導法

1.「情報の技術」の学習のねらい

「情報の技術」の学習のねらいは,情報に関する基礎的・基本的な知識および技術を習得させるとともに,情報に関する技術が社会や環境に果たす役割と影響について理解を深め,それらを適切に評価し活用する能力と態度を育成することにある.その指導に当たっては,情報に関する技術の進展が社会生活や家庭生活を大きく変化させてきた状況とともに,情報に関する技術が多くの産業を支えていることについて理解させるように配慮する.

なお,技術分野では,ものづくりを支える能力を育成する観点から,実践的・体験的な学習活動を通して,情報を収集,判断,処理し,発信したり,プログラムにより機器等を制御したりする喜びを体験させるとともに,これらに関連した職業についての理解を深めることにも配慮する.

2. 「情報の技術」の指導内容とその取り扱い

中学校学習指導要領には，次の四つの事項が示されている．

（1）　生活や社会を支える情報の技術について調べる活動などを通して，次の事項を身に付けることができるよう指導する.

ここでは，コンピュータにおける基本的な情報処理の仕組みと，情報通信ネットワークにおける安全な情報利用の仕組みについて指導し，社会や環境とのかかわりから，情報に関する技術を適切に評価し活用する能力と態度を育成する.

（ア）　情報の表現，記録，計算，通信の特性等の原理・法則と，情報のデジタル化や処理の自動化，システム化，情報セキュリティ等に関わる基礎的な技術の仕組み，および情報モラルの必要性について理解すること.

（イ）　技術に込められた問題解決の工夫について考えること.

さらに，情報のデジタル化の方法と情報の量，著作権を含めた知的財産権，発信した情報に対する責任，および社会におけるサイバーセキュリティが重要であることについても扱うこと.

（2）　生活や社会における問題を，ネットワークを利用した双方向性のあるコンテンツのプログラミングによって解決する活動を通して，次の事項を身に付けさせる.

（ア）　情報通信ネットワークの構成と，情報を利用するための基本的な仕組みを理解し，安全・適切なプログラムの制作，動作の確認およびデバッグ等ができること.

（イ）　問題を見いだして課題を設定し，使用するメディアを複合する方法とその効果的な利用方法等を構想して情報処理の手順を具体化するとともに，制作の過程や結果の評価，改善および修正について考えること.

さらに、コンテンツに用いる各種メディアの基本的な特徴や，個人情報の保護の必要性についても扱うこと.

（3）　生活や社会における問題を，計測・制御のプログラミングによって解決する活動を通して，次の事項を身に付けることができるよう指導する.

（ア）　計測・制御システムの仕組みを理解し，安全・適切なプログラムの制作，動作の確認およびデバッグ等ができること.

（イ）　問題を見いだして課題を設定し，入出力されるデータの流れを元に計測・制御システムを構想して情報処理の手順を具体化するとともに，制作の過程や結果の評価，改善および修正について考えること．

（4）　**これからの社会の発展と情報の技術の在り方を考える活動などを通して，次の事項を身に付けることができるよう指導する．**

（ア）　生活や社会，環境との関わりを踏まえて，技術の概念を理解すること．

（イ）　技術を評価し，適切な選択と管理・運用の在り方や，新たな発想に基づく改良と応用について考えること．

さらに，技術が生活の向上や産業の継承と発展，資源やエネルギーの有効利用，自然環境の保全等に貢献していることについても扱うものとする．

16・3　高等学校の共通教科「情報」の指導

高等学校の共通教科「情報」の指導に当たっては，中学校での学習内容をよく理解した上で，個々の生徒が中学校でどの程度履修してきたかを把握し，指導計画を立案する必要がある．

中学校学習指導要領では，技術・家庭科での情報の学習だけでなく，「各教科等の指導に当たっては，生徒がコンピュータや情報通信ネットワークなどの情報手段を積極的に活用できるよう学習活動の充実につとめる」こととされている．

生徒は，中学校の各教科，道徳，特別活動および総合的な学習の時間で，コンピュータや情報通信ネットワークなどを活用した多様な学習活動を経験したうえで，高等学校に入学してくることになっている．そこで，個々の生徒がどのような学習活動をしてきたかについて，その内容と程度を把握して，共通教科「情報」の指導に生かす必要がある．

16・4　高等学校「家庭科」専門科目「生活産業情報」の指導

「生活産業情報」の指導に当たっては，家庭の生活にかかわる産業の見方・考え方をはたらかせ，実践的・体験的な学習活動を行うことなどを通して，情報および情報技術を適切かつ効果的に活用し，生活産業の発展を担う職業人として必要な資質・能力の育成が求められている．

　高等学校学習指導要領では，その指導項目として，① 情報化の進展と生活産業，② 情報モラルとセキュリティ，③ コンピュータとプログラミング，④ 生活産業におけるコミュニケーションと情報デザインの4項目があげられている．

　また，指導する内容としては，①について，「情報化の進展にともなう産業や生活の変化について指導する」としている．②については，「個人のプライバシーや著作権などの知的財産の保護，収集した情報の管理，発信する情報に対する責任などの情報モラル」を指導するとし，さらに，「情報通信ネットワークシステムにおけるセキュリティ管理の重要性について」も指導するとしている．③については，適切なプログラミングを扱う．④については，情報デザインの考え方を指導することが求められている．

　これらの指導に当たっては，情報に関する知識と技術の習得を徹底し，生活にかかわる産業分野の専門職としての資質を身につけさせたうえで，情報メディアを適切に活用し，情報セキュリティや情報モラルに関する知識とその実践力を身につけた人材の育成に努めるよう指導する必要がある．

17章 家庭機械・電気・情報の学習指導法

17・1 教科の目標と内容

　わが国の学習指導要領は，科学技術の進歩や社会の進展にともなって，ほぼ10年ごとに改訂がなされている．2021（令和3）年度から全面実施された中学校学習指導要領および2022（令和4）年度から学年進行で実施される高等学校学習指導要領のねらいの要点は，次の通りである．

①　知識及び技能が習得されるようにすること．

②　思考力，判断力，表現力等を育成すること．

③　学びに向かう力，人間性等を涵養すること．

　改訂にともなう学習指導要領による中学校の技術・家庭科と，高等学校の家庭科における教科の目標と内容を次に示す．

1.　中学校技術・家庭科

（1）　教科の目標

　中学校学習指導要領(2017年度改訂，2021年度実施)は，「生活の営みに係る見方・考え方や技術の見方・考え方を働かせ，生活や技術に関する実践的・体験的な活動を通して，よりよい生活の実現や持続可能な社会の構築に向けて，生活を工夫し創造する資質・能力の育成」を技術・家庭科の目標としている．

（2）　内容構成

「技術分野」	A．材料と加工の技術	B．生物育成の技術
	C．エネルギー変換の技術	D．情報の技術
「家庭分野」	A．家族・家庭生活	B．衣食住の生活
	C．消費生活・環境	

（3）　履修方法

両分野の内容は，すべての生徒に履修させる．

（4）　履修時間数

1学年……70単位時間　　2学年…　70単位時間　　3学年……35単位時間

技術分野は各学年とも上記の半分の学習時間となり，1学年および2学年は35単位時間，3学年は17.5単位時間となる．1単位時間は50分である．

（5）　技術分野の目標

ものづくりなどの実践的・体験的な学習活動を通して，材料と加工，生物育成，エネルギー変換，および情報に関する基礎的・基本的な知識および技術を習得させるとともに，技術と社会や環境とのかかわりについて理解を深め，技術を適切に評価する能力と態度を育てる．

（6）　技術分野の指導内容

「A．材料と加工の技術」では，生活や産業のなかで利用されている技術や材料とその加工法，作品の設計・製作が取り上げられている．

「B．生物育成の技術」では，生物の育成環境と育成技術およびその技術を利用した栽培または飼育が取り上げられている．

「C．エネルギー変換の技術」では，変換機器の仕組みと保守点検，変換技術を利用した製品の設計・製作が取り上げられている．

「D．情報の技術」では，情報通信ネットワークと情報モラル，ディジタル作品の設計・制作，プログラムによる問題解決が取り上げられている．

2.　高等学校家庭科

2022（令和4）年度から学年進行で実施される高等学校学習指導要領での普通教科「家庭」と専門教科「家庭」の目標と指導内容および履修方法は次の通りである．

（1）　普通教科「家庭」の目標

生活の営みに係る見方・考え方を働かせ，実践的・体験的な学習活動を通して，さまざまな人々と協働し，よりよい社会の構築に向けて，男女が協力して主体的に家庭や地域の生活を創造する資質・能力を育成することを目指す．

（2）　普通教科家庭の指導内容と履修方法

　科目は「家庭基礎」，「家庭総合」の二科目で構成され，「家庭基礎」は，2単位履修で同一年次に履修させる。「家庭総合」は，4単位の履修科目であり，2学年をまたいでの履修が認められている．普通教科家庭の最低履修単位数は2単位で，男女の別なく必履修科目である．

　二科目とも，特に「機械」「電気」に関わる指導内容は示されていない．

（3）　専門教科「家庭」の目標

　家庭の生活にかかわる産業の見方・考え方を働かせ、実践的・体験的な学習活動を行うことを通して、生活の質の向上と社会の発展を担う職業人として必要な資質と能力を育成する．

（4）　専門教科家庭科の指導内容と履修方法

　専門科目は，「生活産業基礎」「生活産業情報」など21の専門科目で構成され，「生活産業基礎」と「課題研究」は，必履修科目に指定されている．

　「機械・電気」に関する内容は，直接取り上げられていないが，専門科目「生活産業情報」では，「情報化の進展と生活産業」や「コンピュータとプログラミング」や「情報モラルとセキュリティ」など、情報関連の内容が扱われている．

17·2　中学校技術・家庭科の内容の変遷

　学習指導要領の改訂にともない，中学校技術・家庭科の教科内容は変遷してきており，1989年度告示の学習指導要領（1993年度から実施）では，A木材加工，B電気，C金属加工，D機械，E栽培，F情報基礎，G家庭生活，H食物，I被服，J住居，K保育の11領域で構成され，このうち7領域以上を履修させるとしていた．その際，A木材加工，B電気，G家庭生活，H食物の4領域は，すべての生徒に履修させてきた．

　1999年度告示の学習指導要領（2002年度実施）では，技術分野は「技術とものづくり」と「情報とコンピュータ」，家庭分野は「生活の自立と衣食住」と「家族と家庭生活」で構成され，それぞれの項目において必修と選択の内容が決められていた．

　「技術とものづくり」の学習内容は，製作品の設計・製作，機器の操作，エネル

ギー変換・利用，作物の栽培などの実践的・体験的な学習活動を通して，ものづくりやエネルギー利用の基礎的な知識と技術を身につけさせ，生活と技術とのかかわりについて理解させるとともに，生活に技術を活用する能力と態度を育成することをねらいとして指導してきた．「情報とコンピュータ」では，情報手段の特性を生かした適切なコンピュータの利用を通して，情報と生活のかかわりや情報モラルについて理解させるとともに，情報手段を主体的に活用する能力と態度を育成することをねらいとしていた．従って，コンピュータの活用に必要な基礎的・基本的な内容を実践的・体験的な学習活動を通して指導してきた．

　2008 年度告示の学習指導要領（2012 年実施）では，「技術分野」は，A．材料と加工に関する技術，B．エネルギー変換に関する技術，C．生物育成に関する技術，D．情報に関する技術，「家庭分野」は、A．家族・家庭と子供の成長，B．食生活と自立，C．衣生活・住生活と自立，D．身近な消費生活と環境，の内容構成となり，両分野ともAからDの四つの内容をすべての生徒に履修させてきた。

　2017 年度告示の学習指導要領（2021 年度実施）では，A．材料と加工の技術 B．生物育成の技術　C．エネルギー変換の技術　D．情報の技術，「家庭分野」では、A．家族・家庭生活　B．衣食住の生活　C．消費生活・環境の内容構成となり、技術分野ではAからD、家庭分野はAからCの各分野をすべての生徒に学習させている。

17・3　技術・家庭科の「機械」に関する指導内容

　過去の技術・家庭科の指導内容としては，「機械」や「電気」に関する事項が多くを占めていたが，最近では情報に関する内容が取り上げられ，さらに単位数の減少も加わり，指導内容として従来の「機械」や「電気」が占めるウエイトは減少している．

　「機械」に関する指導内容としては，「A．材料と加工の技術」の指導において，「材料と加工法」「製作品の設計・製作」が取り上げられ，「材料に適した加工法を知り，工具や機器を安全に使用できること」とし，工具や機械を安全かつ適切に使用するための正しい使用方法とともに，姿勢，目の位置，工具の持ち方，力の配分など，作業動作を具体的に指導するとしている．また，製作図を描き，それを基に

材料取りや部品加工，組み立て，仕上げなどができるよう指導する．

　なお，機械加工は，手工具に比べると加工精度が高く作業能率も高いが，操作を誤ると非常に危険であることなど，安全作業について十分指導する．

17·4　技術・家庭科の「電気」に関する指導内容

　「電気」に関する指導内容としては，「C．エネルギー変換の技術」の指導において，自然界のエネルギー資源を利用した発電システムやエネルギー変換技術を利用した電気機器など，身近な機器の調査や，観察，操作などを通して各機器の特質を理解させるとしている．電気機器を取り上げる場合は，電気エネルギーを，熱・光・動力などに換える仕組みとともに，電源・負荷・導線・スイッチなどからなる基本的な回路を扱い，電流を制御する仕組みについても学ばせる．また，電気製品の定格表示や安全に関する表示の意味や許容電流を理解し，日常的に適切に利用する態度を育成するよう指導する．

　屋内配線の指導では，漏電・感電・加熱および短絡による事故を防止することができるようにする．また，製作品の電気的な部分の組立て調整を行う場合には，ラジオペンチ・ニッパ・ねじ回し・はんだごてなどの工具を用いて，スイッチや各機器の接点と適切な接続をし，配線の段階ごとに回路計などによる点検をさせる．なお，製作品の製作および使用に当たっては，やけどや感電防止，火災防止に注意させ，定期的に点検する態度を身につけさせる．

　なお，これらの学習を通して，技術にかかわる倫理観や新しい発想を生みだし活用しようとする態度も育成する．

17·5　学校教育目標と教育課程および学習指導計画と学習指導案の作成

　学校の教育活動は，地域社会や児童・生徒の実態を踏まえて設定された各学校の教育目標の達成をめざし，各学校で編成された教育課程に基づいて実施される．

　その教育課程の編成に当たっては，日本国憲法，教育基本法および学校教育法の定めに従い，学習指導要領の示す基準や各都道府県教育委員会が作成した教育課程編成基準をよりどころに編成する必要がある．

　中学校の教育課程は，各教科・道徳・総合的な学習の時間ならびに特別活動の4

分野で構成されている．そのなかでも各教科の指導は，最重要領域であり，学習指導要領に基づいて作成された年間学習指導計画に従って行われる．

1.　学習指導計画と学習指導案の作成

　各教科の年間指導計画は，各学校において教科主任を中心として各担当教諭が，学習指導要領に従い，1 年間の見通しを持って，それぞれの教科の目標を達成するために編成する具体的な指導計画である．この年間指導計画に基づいて，月別，週別などの指導計画も作成されるが，良い授業実践には生徒の実態に即した，毎時の学習指導案づくりが大切である．

　毎時の学習指導案の作成に当たっては，次の 4 点に留意する．

①　本時の授業は，題材や単元全体のどこに当たるかを明確に位置付ける．

②　教材の構成と生徒の実態に即し，授業の流れを決める．

③　授業に対する見通しと仮説を立て，その対応策を準備しておく．

④　各学習段階での評価規準を作成しておく．

　学習指導案の形式例を P. 185 に "**3. 本時の技術・家庭科の学習指導案の形式例**" として示したが，指導目標の展開に当たり，指導の過程における生徒の学習活動の流れとその時々の評価規準の作成に特に配慮することが大切である．具体的には，「導入・展開・まとめ」の各段階の学習内容に応じて，学習活動と学習形態が，生徒主体の場として展開できるように工夫することが大切である．

　例えば，グループ活動をどこで行い，どの段階で実習させ，資料をどこで提示するかなど，指導の流れを明確にしておく必要がある．さらに，考えを誘発する発問と助言のしかた，電子黒板やプロジェクタやパソコンなどの教具も積極的に活用するとよい．

　また，黒板の使い方も大切であり，教師として板書すべき事項はもとより，生徒を前に出させて黒板で解答させたりする活動も，あらかじめ検討しておくとよい．

　本時の授業の最後には，授業目標が達成できたか，個々の生徒について，小テスト等で確認する必要がある．さらに，3 観点別の「評価規準」である「知識・技能」，「思考力・判断力・表現力等」，「主体的に学習に取り組む態度」の視点で，各学習段階で適時適切に評価するとよい。技術・家庭科の 3 観点別評価規準例は表 17・1 の通りである．

単元の指導項目に対する評価規準の設定事例を表 17·2 に示した.

表 17·1 技術・家庭科の3観点別評価規準例

観　　点	趣　　旨
知識および技能	生活や社会で利用されている，材料と加工，生物育成，エネルギー変換および情報に関する技術について，知識・技能を身につけ，その技術を適切に活用することができる.
思考力・判断力・表現力等	生活や社会の中から技術に関わる課題を見出し，課題を設定し，その解決策を思考し，製作図等で表現し，試作等で具体的に判断し，その実践を評価・改善するなどして，課題を解決する.
主体的に学習に取り組む態度	よりよい生活の実現や持続可能な社会の構築に向けて，適切に技術を工夫し，主体的に学習に取り組み，課題解決のために技術を評価し活用しようとしている.

表 17·2 単元の指導項目に対する評価規準の設定事例

学　　期	1
時　　数	3
単 元 名	生活と電気のかかわり（電気のしくみと利用形態　発電の原理とその方法　電気製品の用途　電気製品を安全に使う方法）
単元の目標	生活の中で電気が果たす役割と，発電方法などに興味・関心をもち，そのしくみや安全点検などについて理解する
知識・技能	電気機器の特徴や安全面に配慮した使い方を理解し，適切に保守・点検ができる技能を身につけている
思考力・判断力・表現力	電気を安全に取り扱い，かつ省エネについて思考し，判断し，説明することができる
主体的に学習に取り組む態度	主体的に電気との関わりについて関心を持ち，積極的な態度で実験・観察等に取り組もうとしている

2. 技術・家庭科の学習指導計画の留意点

技術分野および家庭分野の授業時数については，3学年間を見通した全体計画に基づき，いずれかの分野に偏ることなく配当して履修させることが求められる.

具体的には，技術分野および家庭分野の授業時数を各学年等しく配当する場合や第一学年では技術分野，第二学年では家庭分野に比重を置くなど，最終的には3学年間を通して，技術分野および家庭分野に等しく配当する場合などが考えられる.

3. 本時の技術・家庭科の学習指導案の形式例

①　**日時**　年　月　日（曜日）　何校時　　　　　指導者名

表 17・3　本時の展開

段　階	学習内容と学習活動	指導上の留意点	観点別評価の観点とその方法	備　考
導　入 (10分)	・前時の復習. ・本時の狙い. テーブル タップの製作. ・学習課題の確認.	・電気機器の製作作業内容の確認(特に,本時との関わりに配慮する). ・二人の協力作業として、テーブル タップを完成させる. 完成させたテーブルタップの点検報告書を作成する. ・目的意識を持たせる.		・説明時には,プリントやプロジェクタなどを利用する. ・必要な工具や部品を事前に必要となる数量用意しておく. ・報告書として,点検箇所を図示したプリントを配布する.
展　開 (30分)	・学習過程にそって生徒の活動を具体的に表記する. (1) 短絡・断線を見つけるには,どの部分にテスト棒を当てるか確認する. (2) 接触不良はどのような状態になっているのか確認する. (3) 配線器具の定格と許容電流について (学習の順序が決まっているときは,(1),(2),(3)のように記すとよい) ・製作したテーブル タップの安全点検を行い,点検報告書を作成する. ①目視による点検 ②回路計による導通試験・絶縁試験	・回路計の使い方を確認する. ・特定の生徒だけの作業とならないように配慮する. ・配線器具の定格や許容電流の意味を解説する. ・点検報告書の作成により,安全であることと危険であることを理解させる. ・危険箇所が指摘されたときは,修理し,再点検を受ける.	・「知識・技能」の観点からは,次のように評価する.テーブル タップを安全に利用するために,必要な点検箇所が指摘でき,点検結果から安全な場合と危険な場合が説明できればよいとする.	・生徒同士協力して作業に取り組めるように,人選に配慮する. ・適時・適切に机間巡視し,必要な指示をする.
まとめ (10分)	・学習内容を振り返り,自己評価表に記入させる. ・教師による最終確認のため製作したテーブル タップは回収し評価に活用する.	・製作にあたって,気をつけなくてはならない事項などをまとめさせる.	・「思考力・判断力・表現力」の観点からは,特に目立った生徒がいれば評定値を記録する.「知識・技能」の観点からの評価は,点検報告書により評定する.	自己評価表は回収し,生徒の理解度等の把握に役立てる.

② **学級**　　　学年　　組　　生徒数　　男　名, 女　名, 計　　名

③ **本時の目標**　電気機器の構造や電気回路の働きについての知識をもとに, 電気機器を利用する際に起こる事故の原因を考え, 保守点検と事故防止に必要な知識と態度を身に付けさせる.

④ **本時の評価規準**　「知識・技能」,「思考力・判断力・表現力」の2観点で評価する.

⑤ **本時の展開**　本時の展開を表17·3に示す.

17·6　技術・家庭科の「情報」に関する指導計画

この分野の学習目標は, 情報に関する基礎的・基本的な知識および技術を習得させるとともに, 情報に関する技術が社会や環境に果たす役割と影響について理解を深め, それらを適切に評価し活用する能力と態度の育成をねらいとしている.

その指導計画の作成にあたっては, 技術・家庭科の教科全体の理解が必要となる. そこで, 技術・家庭科全体の学習時間をみると, 1学年2単位時間, 2学年2単位時間, 3学年1単位時間であり, かつ技術分野と家庭分野を同等に学ぶ必要があるので, 技術分野の学習時間は, 1学年と2学年が年間35単位時間, 3学年は17.5単位時間となり, 3年間で合計87.5時間となる. この学習時間を,

A　材料と加工の技術……………………………………………… 26単位時間
B　生物育成の技術………………………………………………… 10単位時間
C　エネルギー変換の技術………………………………………… 20単位時間
D　情報の技術……………………………………………………… 31.5単位時間

に振り分ける一例を示す.

その前提として, 地域や学校や生徒の実態を踏まえ, 技術・家庭科の3学年間の学習の見通しを立て, 情報分野の学習に割り当てる学年と時間数を設定する必要がある. 生徒たちは日常生活で情報に接する機会も多く, 低学年で履修させたいが, 学習指導要領では, ガイダンス的な内容として技術分野の「A　材料と加工の技術」と家庭分野の「A　家族・家庭生活」を低学年で履修させることが示されており, ここでは2学年の3学期から3学年で学習させる計画とし, トータル31.5単位時間を割り当てることとした.

1．学習指導項目別の学習単位時間の例

① 情報通信技術と情報モラル……………………………………… 15.5 単位時間

② 簡単なディジタル製品の設計・製作……………………………… 8 単位時間

③ プログラミングによる問題解決………………………………… 8 単位時間

2．各分野の指導内容別の指導単位時間の例

（1）「情報通信ネットワークと情報モラル」の指導内容別学習時間

① コンピュータの構成と基本的な情報処理の仕組み…………… 7.5 単位時間

② 情報通信ネットワークにおける基本的な情報活用法………… 2 単位時間

③ 著作権や発信した情報に対する責任と情報モラル…………… 4 単位時間

④ 情報に関する技術の適切な評価と活用………………………… 2 単位時間

（2）「ディジタル製品の設計・製作」の指導内容別学習時間

① 試作品の特徴と利用方法を考え，設計する…………………… 4 単位時間

② 多様なメディアを活用し，表現や発信をする………………… 4 単位時間

（3）「プログラミングによる問題解決」の指導内容別学習時間

① コンピュータを利用した問題解決の手法……………………… 2 単位時間

② 問題解決の手順を考え，簡単なプログラムの作成…………… 6 単位時間

3．情報に関する指導の観点

教科書や情報機器を有効に活用しながら，情報に関する科学的な理解と基本的な技能を確実に習得させる．特に，ディジタル作品の設計や制作とコンピュータを活用した計測・制御には，できるだけ実習時間を確保すること．

4．情報に関する評価規準

情報に関する評価基準の一例を表17・4に示した．

表 17・4　情報の評価規準

観　　点	趣　　旨
知識・技能	情報技術の知識と技能を身につけ，活用できる
思考力・判断力・表現力	情報技術に関する課題を思考し，適切に判断し，改善策を表現して，課題解決できる
主体的に学習に取り組む態度	主体的にあらゆる情報に関する事項について学習する態度を身につけている

引用および参考文献

1) 池本洋一・財満鎮雄：標準家庭機械・電気，理工学社，1973.

2) 岡部　巍ほか：新家庭機械・電気（第4版），医歯薬出版，1989.

3) 池本洋一ほか：総説　機械工学（改訂版），理工学社，1984.

4) 社団法人　家庭電気文化会（編）：家庭の電気工学（第5版），オーム社，1989.

5) 齋　輝夫：機械工学入門シリーズ　自動車工学入門，理工学社，1991.

6) 西川佳男・因幡富昭：機械工学入門シリーズ　電気・電子工学入門，理工学社，1992.

7) 電気技術研究会（編）：実用機械工学文庫36，初学者のための電気工学，理工学社，1965.

8) 社団法人　家庭電気文化会：家電月報ALLE，通巻58号，1995.

9) 福場博保：炊飯の科学，財団法人　全国米穀協会，1985.

10) 電気事業連合会：図表で語るエネルギーの基礎

11) 文部科学省：中学校学習指導要領解説　技術・家庭編，2017.

12) 文部科学省：高等学校学習指導要領解説　技術・家庭編，2018.

13) 産業教育振興中央会（編）：高等学校産業教育ハンドブック，実教出版，2009.

14) 編著者代表　山下省蔵：工業科・技術科教育法，実教出版，2002.

15) 監修・著作　山下省蔵：工業技術基礎，実教出版，2021.

16) 監修　岩本宗治・岩本洋：精選情報技術基礎，実教出版，2013.

ご協力および資料提供

　本書のもととなった「家庭機械・電気・電子」の執筆に際し，食物関係の機器については東京家政大学の河村フジ子教授にご助言を頂戴し，電力関係の資料等に関しては東京電力お客さま相談室の西田眞氏に，また新しい機器の資料収集には日立家電事業部の山田崇行氏にご援助をお願いし，さらに筆者の関与している家庭電気文化会（事務局長松下仙一氏）からは資料・図面等の提供をいただいた．

　また，今回「新しい時代の家庭機械・電気・情報」において，新たに次の各社から資料のご提供など，協力いただいた．ここにあらためて各位に深甚の感謝を申し上げる．

・株式会社　旭ノ本金属工業所
・一般社団法人　日本ガス協会
・株式会社　ハッピージャパン
・株式会社　ユタカ技研
・日産自動車株式会社
・東芝ホームテクノ株式会社
・東芝ライフスタイル株式会社
・パナソニック株式会社
・シャープ株式会社
・株式会社　電費半分
・パイオニア VC 株式会社
（掲載頁順）

索　引

〔著者略歴〕

池本 洋一

1944年　慶応義塾大学工学部卒業
　　　　第1回フルブライト留学生（ウィスコ
　　　　ンシン大学）の後，鳥取大学講師，東
　　　　京学芸大学教授，東京家政大学教授，
　　　　同学長を歴任
現　在　東京学芸大学名誉教授
　　　　東京家政大学名誉教授
　　　　工学博士

山下 省蔵

1965年　東京学芸大学卒業
　　　　都立工業高校教諭，東京都教育委員会
　　　　指導主事，東京都工業教育センター次
　　　　長，都立工業高校長（全国工業高校長
　　　　会理事長），拓殖大学工学部教授を歴任
現　在　拓殖大学名誉教授

新しい時代の家庭機械・電気・情報　第二版

2015. 8. 30.　第1版第1刷発行
2021. 2. 28.　第2版第1刷発行

著　者　池本洋一
　　　　　いけもとよういち
　　　　山下省蔵
　　　　　やましたしょうぞう
発行者　加藤幸子
発行所　ジュピター書房

〒102-0081　東京都千代田区四番町2-1
電話　東京 (03) 6228-0237
FAX　東京 (03) 6261-3654
郵便振替口座 00140-5-323186番
E-mail　eigyo@jupiter-publishing.com
www.jupiter-publishing.com
印刷・製本　モリモト印刷株式会社

ISBN978-4-909817-00-6